GED® en español de la Maestra Ximena

MÓDULO GRAMÁTICA

(PREPARACIÓN PARA EL EXAMEN RAZONAMIENTO A TRAVÉS DE LAS ARTES DEL LENGUAJE de GED®)

LIBRO DE EJERCICIOS
(Incluye modificaciones 2016)

NIVEL 2

Textos y metodología
Ximena Thurman
Artista Visual
Carolina Cornejo

Publicado por

ISBN: 9781980668121

Editor
Antártica Academy
AntarticAcademy@gmail.com
www.gedfacil.com
info@gedfacil.com
1-720-982-0428

Ilustración: Carolina Cornejo
©Derechos Reservados

Si has adquirido este libro y aún no te has registrado para ninguna clase, anda al final del libro para reclamar tu bono.

Tabla de Contenidos

I.- Dedicatoria

Este libro está dedicado a los valientes del GED. ¿Por qué valientes? Porque han logrado pasar la primera barrera: el Nivel 1.

Nos vemos en un click,

Maestra Ximena

II.- Carta de la Maestra Ximena

Bien, ya has dado tus primeros pasos, ¿ves que no era tan difícil? Ahora nos adentraremos en todo lo que son las reglas gramaticales. Probablemente has visto miles de palabras con acento pintado o tilde, pero no tienes idea por qué algunas llevan acento y por qué otras no lo llevan. Aquí aprenderás a colocarle el tilde. También te enseñaremos a usar los signos de puntuación. Tal vez te preguntarás: ¿Por qué es tan importante saber colocar estos signos? Simplemente, porque si no sabes dónde colocar la coma o si pones un punto en una parte que no corresponde, puede cambiar completamente el sentido de una oración o de un párrafo; y en vez de querer decir una cosa, dices todo lo contrario. Como la buena comunicación es esencial para que nos entendamos entre los seres humanos y evitemos conflictos, debemos aprender a enviar el mensaje con claridad y sin ambigüedades.

Este nivel contiene 23 lecciones con sus correspondientes videos. También se han agregado autoevaluaciones en cada video (quizzes) para que midas tu progreso, tarjetas relámpagos (flash cards) y juegos impresos y digitales en cada lección para que tu proceso de aprendizaje sea más rápido; incluyendo la introducción y recapitulación. Todo este material lo puedes accesar desde la web www.gedfacil.com

Recuerda que la dedicación es el gran secreto para el éxito... y si aún no has bajado el libro **"Los 7 Secretos para tener éxito en mi GED®"**, te recomiendo que lo hagas ¡ ya ! de manera que comiences a seguir lo secretos para que tu aprendizaje sea fructífero y... nos vemos en un clic.

"Sabemos que tú no puedes sol@, pero tampoco nadie puede hacerlo por ti."

Ximena Thurman, B.S. MBA (c)
Fundadora
Antártica Academy ™

III.- Simbología

1.- Buscar pistas: Este símbolo indica las **palabras claves** que se deben buscar en el texto para entender la lectura o lo que se está preguntando.

2.- Compartir: Este símbolo indica que debes **detener tu lectura aquí y contarle a tu compañero** lo que está leyendo, ya sea parafraseando o haciendo un resumen de lo leído. Con ello mejorarás tu retención.

3.- Consejo: Coloca especial atención a este símbolo porque te entrega algún **importante mensaje** de cómo mejorar tu proceso de aprendizaje o reglas importantes que deberás memorizar.

4.- Ejercicios: Este símbolo indica que vienen una serie de ejercicios para poder practicar el tema que se está trabajando y dominarlo, eventualmente.

5.- Herramienta: Indica que estamos incorporando una herramienta de ayuda.

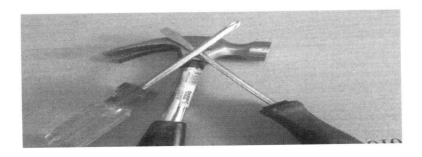

6.- Información Adicional: Si deseas ahondar más sobre el tema puedes recurrir a este **enlace (link)** donde encontrarás el tópico desarrollado en mayor profundidad.

7.- Para reflexionar: Proverbios o frases célebres que nos harán pensar sobre lo que estamos tratando o nos servirán de motivación.

8.- Repetir en voz alta: Para retener el concepto o aprendizaje, se recomienda detener aquí la lectura y repetir en voz alta lo que se acaba de leer ya sea a ti mismo o a tus amigos.

9.- Revisar Formulario: Indica que para este tipo de ejercicios se incorpora en el examen una **lista de fórmulas** necesarias para su resolución. Se recomienda utilizarlo habitualmente para familiarizarse con los conceptos, las abreviaciones, su utilidad y la ubicación dentro del formulario.

10.- Recordatorio: Indica algún elemento o concepto que no puedes olvidar.

11.- Video: Este símbolo señala que existe un video donde se explica el tema y que se puede accesar a través de la página web www.gedfacil.com

12.- Juegos: Este símbolo indica que se incorporan juegos, rimas o cantos para que se te haga más fácil el aprendizaje.

13.- Tarjetas Relámpagos: Este símbolo indica que revises las tarjetas relámpagos (flash cards) de la lección.

14.- Juegos digitales: Este símbolo indica que revises los juegos digitales de la lección.

IV.- Objetivo del Nivel
Conocer las reglas gramaticales que se medirán en el GED®

V.- Lecciones del Nivel
Lección 0: Introducción
Lección 1: Sonido de las letras en español
Lección 2: Diptongos
Lección 3: Qué son los triptongos
Lección 4: Hiatos
Lección 5: Uso de mayúsculas
Lección 6: Uso de minúsculas
Lección 7: Combinación de consonantes
Lección 8: Separación de palabras
Lección 9: Formación de plurales
Lección 10: Acento prosódico
Lección 11: Acento ortográfico
Lección 12: Acento - Lo nuevo de la RAE 2010
Lección 13: Acento - Excepciones
Lección 14: Partes de la oración
Lección 15: Partes fijas de la oración
Lección 16: Partes variables de la oración
Lección 17: Signos puntuación con orden jerárquico
Lección 18: Signos puntuación sin orden jerárquico
Lección 19: Concordancia gramatical
Lección 20: Concordancia de dos sustantivos
Lección 21: Concordancia de sustantivos colectivos
Lección 22: Concordancia sustantivos complementos
Lección 23: Oraciones independientes y subordinadas
Lección 24: Recapitulación

Cada lección contiene enlaces a tarjetas relámpagos y a juegos digitales para que se practique la materia recién enseñada. Además, incluye un video introductorio, 11 videos de recapitulación y 3 exámenes de práctica. Al término de este nivel el/la alumn@ será capaz de corregir sus propios ensayos, ya sea en cuanto acentuación, puntuación, uso de mayúsculas, entre otros, así como aprender las reglas gramaticales para contestar las otras dos partes del examen de GED® Razonamiento a través de las Artes del Lenguaje (RAL).

Lección 0: Introducción

Este video explica en que consiste este nivel.

Lección 1: Sonido de las letras en español

Para completar los ejercicios mira el video de la lección 1.

Letras sin sonido
Ejercicio #1

Completa la oración:

1) Según el video, en español existen solo dos letras que no tienen sonido y ellas son: ___ y _____

2) La hache(H) tiene sonido solo si va precedido de la consonante ____

3) Al juntarse la H con dicha consonante recibe el nombre de ____

Ejercicio #2
Coloca la letra hache en el lugar que corresponda:
uevo
aber
coerente
alcool
ogar
azaar
éroe
ueco
aínco
ijo

Ejercicio #3
1)De acuerdo al video, la letra U no suena en dos ocasiones, cuando va precedida de la letra _____ o de la letra ____ .

2) Al combinarse la letra "U" con la consonante "q" ¿cuántas son las combinaciones posibles y cuáles son?

3) Al combinarse la letra "U" con la consonante "g" ¿cuántas son las combinaciones posibles y cuáles son?

4) ¿Qué efecto se produce en la letra "g" al colocar una "U" entremedio?

5) ¿Qué debiera colocarse sobre la "U" para hacerla sonar en dichos casos?

Ejemplos donde la "U" no suena:
que – qui: Querer - quiero – quelentaro – quemado - quitasol
gue – gui: Guerrero – guisante – Guevara - guitarra

Ejemplos donde la "U" suena:
güe – güi: agüita – güero – pingüino – agüero – piragüismo - argüir ungüento - vergüenza

Consonantes con diferentes sonidos

Ejercicio #1: La letra "C"

1) Si ya has visto el video, sabrás que la letra "C"(ce) tiene dos sonidos ¿cuáles son esos sonidos? _____

2)Delante de las vocales "a" "o" "u" el sonido de la "C" es como si fuera una letra _____

3)Delante de las vocales "e" o "i" el sonido de la letra "C" es como si fuera una letra _____

4)Da tres ejemplos donde la letra "C" suena como "k":

5)Da tres ejemplos donde la letra "C" suena como "s":

Ejercicio #2: La letra "G"
1) La letra "G" (ge) tiene dos sonidos:uno es _____ y uno es _____.
2) Indica el sonido de la "G" delante de las vocales "a" "o" "u".
3) Indica el sonido de la "G" delante de las vocales "e" o "i" _____
4) Da tres ejemplos donde la "G" suene suave _____
5) Da tres ejemplos donde la "G" suene fuerte: _____

Ejercicio #3: La letra "R"
1) La letra "R" tiene dos sonidos:uno _____ y uno _____
2) ¿En qué situaciones la R suena fuerte?

3) ¿Cómo se pronuncia la letra "R" cuando va una sola entremedio de vocales?

4) ¿En qué situaciones debemos escribir doble 'R' (rr) ? _____

Ejercicio #4
Ordena las palabras en la columna que corresponda según el sonido:
ramo Ramiro caro revista cero rosal alrededor pare Enrique coro Israel carretera color arroz coraje arranca vivir corral cerro cara acabar

Sonido fuerte	Sonido suave
ramo	caro

Ejercicio #5
Da 4 ejemplos de palabras que se escriben entremedio con una sola "r" y suene fuerte

_____ _____ _____ _____

Ejercicio #6
Da 4 ejemplos de palabras que se escriben con doble "r"

_____ _____ _____ _____

Ejercicio #7: La letra "X"

La "X" (equis) suele producir bastante confusión porque sus sonidos son muy variados, a veces, puede sonar como una combinación de **cs** (ce-ese) como es el caso de las palabras éxito o excelente; puede sonar como una **s** (ese) en el caso de: excepción, xilófono, Xochilt; puede sonar como una **j** (jota) en casos como Ximena, Xavier que también se pronuncia como una **ch** ("chavier"), si su origen es catalán. En cuanto a los nombres propios, depende mucho del origen, es decir, de donde ellos procedan.

Da 2 ejemplos de palabras que se escriben con "x" y suene como "cs"

_____   _____

Ejercicio #8
Da 2 ejemplos de palabras que se escriben con "x" y suene como "s"

_____   _____

Ejercicio #9
Ubica la palabra en la columna que corresponda al sonido que se emite

Palabra	Sonido "cs"	Sonido "s"
Próximo	Próximo	
examen		
exacto		
xenofobia		
excavar		
axioma		
xilicio		
sexto		
expiar		
xenófilo		
xerografía		
nexo		
sexo		
sexy		
taxi		
coxis		
exhibir		

Palabra	Sonido "cs"	Sonido "s"
elixir		
auxilio		
existir		
exhausto		
exótico		
exhumar		
anexo		
exaltar		
exacerbar		
exhalar		
exuberante		
exfoliar		
eximir		
oxígeno		
exento		
excepto		
extraño		
extraterrestre		
extremo		
extravío		
extradición		
explícito		
exprimir		
explayarse		
explotar		
experimento		

Palabra	Sonido "cs"	Sonido "s"
experto		
exceso		
exilio		
hexágono		
Xilófono		

Visita los juegos digitales   y   las tarjetas relámpagos
(El link lo encuentras en cada lección de la web)

Lección 2: Diptongos

Nuestra lengua española está compuesta de palabras y las palabras de letras. Todas las letras existentes en nuestra lengua están representadas en el abecedario o alfabeto. En español son 29 letras si se consideran la Ch y Ll (24 consonantes y 5 vocales).

Vocales

Las vocales son cinco: a, e, i, o, u.

El nombre de las vocales es el mismo que su pronunciación, es decir, se llaman y se pronuncian igual.

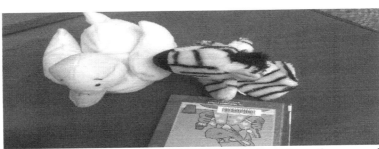

Las vocales se clasifican en abiertas o fuertes (a, e, o) y cerradas o débiles (i, u); y su clasificación deriva de la forma en que colocamos la boca para pronunciar estos sonidos en español.

En general, no importa dónde se encuentren las vocales ni cómo se combinen, cada una se pronuncia por separado y de la misma manera (a diferencia del inglés que su pronunciación, muchas veces, depende de cómo ellas se combinen).

Cuando se encuentran sonidos de vocales juntas toman diferentes nombres, ellos pueden ser diptongos, triptongos o hiatos.

Aunque es bastante complicado las reglas que las rigen, trataré de simplificarlas y mostrar las reglas más simples y más generales para que no se mareen con tanta regla que para el caso del GED® no tendrá mucha utilidad, excepto para la acentuación. Así que si solo aprenden estas reglas que señalo acá, será más que suficiente.

Diptongos

Es la unión de dos sonidos juntos como vocales, que pueden ser de una vocal abierta con una cerrada, incluyendo la letra "y griega", que si bien es cierto se clasifica como una consonante, pero en algunos casos **suena** como la vocal "i" o "i latina". También forman diptongo dos vocales cerradas o débiles (para detalles, mira el video).

Ej.: Hay, cuanto, piel, soy, aire, eufemismo, ruido, ruina, ciudad, ruiseñor.

Los diptongos nunca se separan

Para hacer los ejercicios deberás ver previamente el video

Ejercicio #1

Contesta la siguiente pregunta con tus propias palabras según lo que acabas de entender (parafrasea):

1.- ¿ Qué es un diptongo ?

TIP

Apréndete un par de ejemplos

Ejercicio #2
Escribe 8 diptongos

1.- _____
2.- _____
3.- _____
4.- _____
5.- _____
6.- _____
7.- _____
8.- _____

A veces, una manera fácil de aprender es reteniendo lo que no es (¿cuándo NO se forma un diptongo?)

Ejercicio #3
Rellena los casilleros con las respuestas correctas

Vocales abiertas	Vocales cerradas

Ejercicio #4

Combina las correctas vocales para formar un diptongo

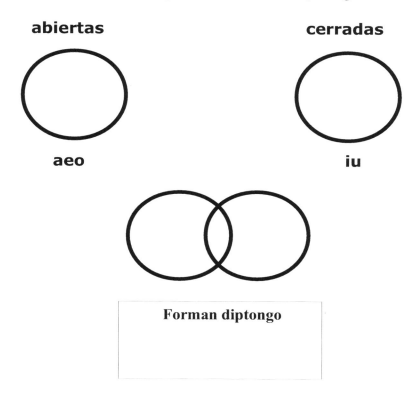

abiertas

aeo

cerradas

iu

Forman diptongo

Ahora, con los diptongos obtenidos, escribe 4 palabras que contengan diptongos:

1.-
2.-
3.-
4.-

Ejercicio #5

Indica con una "D" si la palabra contiene un diptongo y dónde.

a)   Comedia   **D   ia= vocal cerrada con abierta no tildada**
b)   Tierra
c)   Lee
d)   Residuos
e)   Puerta
f)   Viuda
g)   Cae
h)   Diezmo
i)   Sea
j)   Rea

k)   Deidad
l)   Reo
m)   Boa
n)   Piojo
ñ)   Hielo
o)   Vaina
p)   Viena
q)   Pie
r)   Roe
s)   Muerte
t)   Niegue
u)   Vea
v)   Croar
w)   Crear
x)   Siembra
y)   Aire
z)   Aceite

No olvides que hay una combinación de vocales que no crea diptongos.

Ejercicio #6
Circula las palabras que forman diptongos

hielo	fuego	ruido	cielo	coima	suela
viento	ciento	cae	diez	pies	ruego
guardo	huerto	coa	duelo	muero	lea
beata	caos	ciudad	muy	quiero	deidad
quieto	reo	seis	soez	dueto	vuelo
odio	Mao	escuela	almuerzo	miel	alcohol
oblicua					

Ejercicio #7

a) ¿Para que me sirve conocer los diptongos?

b) ¿Cuándo un diptongo se separa?

Diptongos con tilde

Tilde es la rayita oblicua que se coloca sobre una vocal para indicar que hay una sílaba tónica (donde se remarca la voz).

Para complicar un poco la cosa, vamos a incluir otra regla: También forman diptongos una vocal cerrada con una **abierta tildada,** como lo verás en el diagrama...

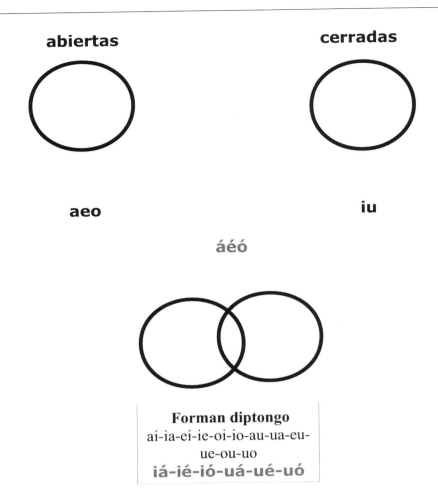

abiertas

aeo

áéó

cerradas

iu

Forman diptongo
ai-ia-ei-ie-oi-io-au-ua-eu-
ue-ou-uo
iá-ié-ió-uá-ué-uó

Ejemplos: di**á**metro, acc**ió**n, decis**ió**n, od**ió**, ac**uá**tico balomp**ié**

Recordemos que un diptongo nunca se separa, por ende, al separar las palabras del ejemplo en sílabas quedan así:
 di**á**-me-tro ; ac-c**ió**n; de-ci-s**ió**n; o-d**ió**; a-c**uá**-ti-co; ba-lom-p**ié**
donde el diptongo tildado queda junto.

Los diptongos que son monosílabos nunca se tildan. Por ejemplo: dio, vio, fui, fue.

Ejemplos de Diptongos con tilde:

salgáis cabéis copió diáfano diócesis huérfano

Ejercicio #1
Indica si la palabra es un diptongo

Palabra	¿Es diptongo?
huésped	Sí, porque la vocal tildada es abierta
país	No, porque la vocal tildada es cerrada
caótico	
asiática	
diáfano	
ciática	
cuándo	
diócesis	
cocináis	
cometéis	
petrohué	
púa	
pehuén	
rebajáis	
tendéis	
náutica	
viático	
vuélvase	
pío	

Juegos, rimas y algo más

Señor Arti,
con mi sombrero saludo
y caballerosamente digo:
dos vocales juntas
hacen un **diptongo**
y el sombrero me lo pongo.

Mucho gusto, señor Polito,
y yo respondo al saludo diciendo:
a - e - o son vocales **abiertas**
¡ esa es una verdad muy cierta !

Me da gusto que lo sepa, señor Arti,
a su sapiencia agrego:
Solo tenemos dos vocales **cerradas**
I – U son ellas
que tampoco son inventadas.

Entonces, señor Polo,
al combinar estas vocales
haremos diptongos
como profesionales.

Muy bien dicho, señor Arti.
Diptongo creo al combinar
una vocal **abierta** con una **cerrada**;
a con i y digo : amaina

e con i y digo: reina
a con u y digo: pausa
e con u y digo...y digo...y digo mmmm... ¡feudal!
Y todo me sale a raudal (¡ji … ji!)

¡ Qué bien, señor Polo !
Ud. se maneja en estos menesteres.
Trataré de igualarme diciendo:
una vocal **cerrada** con una **abierta**
también hacen un diptongo
y este verso proloooooongo.
I con a y digo: diana
I con e y digo: pierna
I con o y digo: biombo.
Y ahora con la U me pongo.
U con a y digo: cuando
U con e y digo: cuento
U con o y digo: cuota
...y este verso me rebota.

Veo que ya domina los diptongos, señor Arti.
Ahora nos vamos con las cerradas:
I con U … o viceversa.
¿Qué podría ser? ¿Mmm?
I con U y digo: viuda
U con I y digo: cuida

¡Cuida con las **vocales abiertas!**
porque ellas **nunca serán diptongos.**
Tampoco serán diptongos
si las junto a una cerrada
y a la cerrada el tilde yo le pongo.

Visita los juegos digitales   **y**

las tarjetas relámpagos

(El link lo encuentras en cada lección de la web)

Lección 3: Qué son los triptongos

Triptongos: Son tres sonidos como vocales juntas.

Es más difícil encontrar tres sonidos juntos, pero si revisas las conjugaciones verbales en segunda persona plural (vosotros) podrás encontrar muchas palabras que forman triptongos. Ej.: codiciáis, situéis.

Aunque ellos lleven acento nunca se separan. Nota que la vocal abierta acentuada va entre las vocales cerradas. Por lo tanto, si estuvieran dos vocales cerradas, una acentuada más una vocal abierta, no formaría triptongo. Por ejemplo: huía, en este caso son dos hiatos: hu-í-a

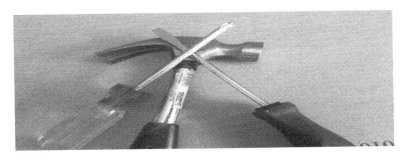

Usa el diccionario o enlaza este link
#
http://www.wordreference.com

Autoevaluación

1.- ¿Qué es un triptongo?

2.- Escribe 4 triptongos que conozcas (diferente a los ejemplos). Si no recuerdas ninguno, recurre a los motores de búsqueda en Internet.

a) _____
b) _____
c) _____
d) _____

3.- ¿Por qué es importante conocer los diptongos y triptongos?

Visita los juegos digitales

y

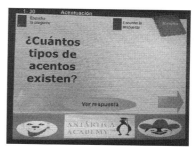

las tarjetas relámpagos

Juegos, rimas y algo más

1.- Completa las oraciones

a.- Dos sonidos como vocales juntas se llama _____

b.- Tres sonidos como vocales juntas se llama _____

c.- Las vocales son _____

d.- Las vocales abiertas o fuertes son _____

e.- Las vocales cerradas o débiles son _____

f.- La consonante que tiene el mismo sonido de una vocal es la _____

2.- Circula en qué situación se forma diptongo:
Cuando se une...
- a.- una vocal abierta con vocal abierta
- b.- una vocal abierta con vocal cerrada
- c.- una vocal cerrada con vocal abierta
- d.- una vocal cerrada con vocal cerrada

3.-Circula en que situación NO se forma diptongo:
- a.- una vocal abierta con vocal abierta
- b.- una vocal abierta con vocal cerrada
- c.- una vocal cerrada con vocal abierta
- d.- una vocal cerrada con vocal cerrada

4.- ¿Cuándo se forma un triptongo?
- a.- Cuando se juntan una vocal cerrada con dos vocales abiertas
- b.- Cuando se juntan dos vocales abiertas
- c.- Cuando se juntan tres vocales cerradas
- d.- Cuando se juntan tres sonidos como vocales

5.- ¿Cuándo se separa un triptongo?   _____

6.- Indica cuál de estas palabras no es un triptongo
a) atestiguáis   b) averigüéis   c) cambiáis

c) buey   e) quieran

Lección 4: Hiatos

Si ya has visto el video tendrás claro que los hiatos son lo opuesto a los diptongos, es decir, serán hiato las combinaciones de vocales abiertas como: ae,ao, ea, oa, eo,oa y dos vocales iguales (aa,ee,oo); y combinaciones de vocales abiertas con **cerradas tildadas** o viceversa, es decir, cerrada tildada con vocal abierta (sin tilde).

En el caso de la doble e (ee), si piensas en un verbo puedes buscar la Primera Persona del Pretérito Anterior del Modo Indicativo y la Primera Persona del Tiempo Presente del Modo Subjuntivo y encontrarás muchos verbos que contienen doble ee (tildada o sin tilde).

En síntesis, forman hiato:
Combinación de vocales abiertas (aeo): ae-ea-ao-oa-eo-oe-aa-ee-oo
Combinación de vocales abiertas tildadas: aé -éa-éo-oé-eé-áo oá, aó, óa, áe, eá, éo oé
Combinación de vocales abiertas con cerrada tildada: aí-aú-eí-eú oí-oú
Combinación de vocales cerrada tildada con abiertas: ía-úa-íe-úe-ío-úo

Ejemplos de hiatos
Cae, aldea, caos, toalla = combinación de vocales abiertas.
Caamaño, Lee, coopera = combinación de vocales abiertas repetidas.
aéreo, caótico, coágulo = combinación de vocales abiertas tildadas.
Golpeé=combinación de 2 vocales abiertas repetidas, una tildada.
País, baúl = combinación de una vocal abierta con cerrada tildada.
Pío, bahía = combinación de vocal cerrada tildada con vocal abierta.

Si a estas alturas estás muy enredad@, te haré un resumen para que no te pierdas...

Forman diptongo la combinación de:	Forman hiato la combinación de:
ai-ia-ei-ie-oi-io-au-ua-eu-ue-ou-uo iá-ié-ió-uá-ué-uó	Ae-ea-ao-oa-eo-oe-aa-ee-oo (una de ellas tildada o no) aí-aú-eí-eú oí-oú ía-úa-íe-úe-ío-úo
dos vocales cerradas (iu) vocal abierta con cerrada vocal cerrada con abierta vocal cerrada y abierta tildada	vocales abiertas (aeo) vocal abiertas con cerrada tildada vocal cerrada tildada con abiertas
Diptongos nunca se separan	**Hiatos siempre se separan**
¿Te lo pongo más simple?	
1)El diptongo existe si tiene una vocal cerrada no tildada (i/u) Ej: Viudo, ciudad, cuatro, siete, deudo, desahuciar. 2)Cuando hay una vocal cerrada con una *abierta tildada* es un diptongo Ej: cuórum, diámetro, acción, decisión, acuático balompié recién 3) Cuando hay una vocal cerrada con una abierta no tildada es un diptongo cuando cien conciencia	1)Cuando hay dos vocales abiertas (aeo) es un hiato. Ej: caos, meollo, ahogo, coartar, provee, Saavedra, dehesa, azahar, albahaca,poseer, alcohol. 2)Dos abiertas y una de ellas es tildada es hiato Ej: rehén,aéreo,caótico, coágulo 3)Cuando hay una vocal abierta con cerrada tildada es un hiato. Ej: país, reí, oí, María, pío púa continúe dúo baúl reúna

Nota: hay excepciones, especialmente si se trata de prefijos, pero en este caso los saltaremos para no complicarles la existencia y trabajaremos las reglas más generales. Para detalles puedes consultar la página web de la Real Academia Española (www.rae.com) o acceder el link

http://tip.iatext.ulpgc.es/silabas/default.aspx

Juegos, rimas y algo más

Diptongos
Diptongos siempre amarrados.
Cerrada con cerrada siempre amarrada
Cerrada con abierta siempre amarrada
Cerrada con abierta tildada siempre amarrada
Cerrada no tildada (i-u) es diptongo

Hiatos
Hiatos siempre separados
Abierta con abierta siempre separada
Abierta con abierta tildada siempre separada
Abierta con cerrada tildada siempre separada

1.- Completa las oraciones
a.- Hiato es lo opuesto al _____
b.- Se forma hiato cuando tengo una vocal _____ con _____
c.- Se forma hiato cuando tengo una vocal _____ con _____
d.- Se forma hiato cuando tengo una vocal _____ con _____

2.- Circula en qué situación hay hiato
Cuando se une...
    a.- una vocal abierta con vocal abierta
    b.- una vocal abierta con vocal cerrada tildada
    c.- una vocal cerrada tildada con vocal abierta
    d.- una vocal cerrada con vocal cerrada

3.- Circula en qué situación NO se forma hiato
    a.- una vocal abierta con vocal abierta
    b.- una vocal abierta con vocal cerrada tildada
    c.- una vocal cerrada tildada con vocal abierta
    d.- una vocal cerrada con vocal cerrada

4.- Indica cuál de estas palabras es un hiato
a) reí b) reúne   c) filosofía   d) río   e) ríe
f) oído g) púa h) continúes I) acentúo j) teatro k) salías l) seguía

a- é - re - o= tiene dos hiatos el primero son dos vocales abiertas con una acentuada (aé) y el segundo dos vocales abiertas sin acento (eo). Es decir, siempre que hayan dos vocales abiertas (tildadas o no tildadas) tenemos hiato.

Ejemplo donde no existe hiato: acción= ac-ción es un diptongo porque el tilde va en la vocal abierta.

Realiza los siguientes ejercicios...
Ejercicio #1
¿Cuándo un hiato se separa? _____
Ejercicio #2
Circula las palabras que contienen hiato

lee	puede	rae	puerta	rea	cuadro
roa	causa	búho	posee	caos	provee
desee	coa	maíz	aula	veo	sea
boa	duerme	creo	país	bucee	buceé
teo	fideo	desee	deseé	canoa	suave
cae	río	creer	loa	neo	acreedor
ahí	ciudad	peina	golpeé	ateo	cuerda
zangoloteé	nuevo	teorema	hiena	mordisqueé	aéreo
púa	limpiéis	coágulo	diadema	limpie	limpié
teatro	continúe	acentúo	salías	reo	baúl
continué	acentuó				

Cerrada con abierta tildada siempre amarrada = Diptongo

Ejercicio #3
Ahora que tienes claro la diferencia entre diptongo y hiato, coloca las palabras adentro del óvalo que corresponda:

aire	oído	moho	ciervo	rehén	cooperar
puedo	coordinar	magia	protozoo	hoy	alcohol
rugía	media	silencio	movía	hay	servía
cohecho	toalla	ruido	deidad	paila	dúo
leer	duende	boa	paisano	cuerpo	dueto
suelo	cuarto	fiesta	causa	lea	Raúl
golpeé	comicios	Saavedra	contraataque		reunir

DIPTONGOS

HIATOS

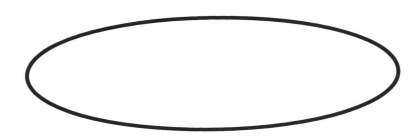

Si quieres practicar en línea usa este link

http://www.reglasdeortografia.com/acdiptongohiato03.html

Visita los juegos digitales   **y**   **las tarjetas relámpagos**

Lección 5: Uso de mayúsculas

De acuerdo al video, existen 9 ocasiones en que debes usar mayúsculas, indica las 9 ocasiones:

_____
_____
_____
_____
_____
_____
_____
_____
_____
_____
_____

Nota 1: En cuanto a los títulos nobiliarios, existe bastante disparidad, pero la RAE en la última versión 2010 recomienda que tanto los títulos nobiliarios como los cargos públicos se escriban con mayúscula solo cuando se habla de la persona en específico por su cargo o su título sin nombrarla. Ejemplos: la Princesa, el Rey, el General, el Papa. Sin embargo, si se le agrega el nombre, el título o cargo va en minúscula. Ejemplos: princesa Aurora, rey de Jordania, general Francisco Franco, el papa Juan Pablo II (esto prevalece sobre cualquier cosa que se haya dicho en el video sobre este tema).

Nota 2: Escribiremos los puntos cardinales siempre en minúscula, a excepción de:
-cuando formen parte de un nombre propio (América del Sur).
-cuando hagan referencia a su significado primario: "Navegaban rumbo al Oeste".
-cuando hagan referencia a países ricos (Norte), emergentes (Sur), países de cultura europea (Oeste) o de origen asiático (Este). _Sin embargo, cuando se refiere a la orientación, se escribirán en minúscula: "el sur de Europa", "el noroeste de la ciudad", "el viento norte", latitud norte, hemisferio sur, rumbo noroeste. En el caso de las líneas imaginarias, tanto de la esfera terrestre como celeste, se recomienda el uso de la minúscula: ecuador, eclíptica, trópico de Cáncer._

Nota 3: *En cuanto a los apodos se hace una leve diferencia entre apodos, sobrenombres y seudónimos y, además, hay bastante discrepancia entre libros, la RAE en muchos casos solo aconseja su uso y no es un ente determinante; en dicho caso, para aunar criterios, consideraremos que los apodos se escriben con mayúscula sin incluir el artículo. Por ejemplo: el Chapo, Isabel la Católica, Ernesto "Che" Guevara (si se incluye en el nombre va entre comillas).*

Ejercicio #1

Revisa este texto y corrige las palabras que deben llevar mayúscula.

La geografía de colorado es muy diversa y comprende tanto accidentados terrenos montañosos como vastas llanuras. El Estado de colorado se define como un rectángulo geoesférico que se extiende desde los 37° hasta los 41° de Latitud Norte, y, desde los 102°03' a los 109°03 de Longitud Oeste (25°O a 32°O del Meridiano de Washington). colorado es uno de los tres únicos estados de los estados unidos (junto con wyoming y utah) que tiene como fronteras únicamente líneas de latitud y longitud.
La cumbre del monte elbert, con 4.401 metros de altitud en el condado de lake (Lake County) es el punto más alto del estado y el punto más alto de todas las montañas rocosas. Colorado tiene, aproximadamente, 550 cumbres que superan los 4.000 metros. Colorado es también el único estado que se encuentra en su totalidad por encima de los 1.000 metros de altitud. El punto de menor altitud tiene 1.010 metros, en el punto de la frontera Oriental del condado de yuma el Río arikaree desagua hacia el Estado de kansas. *(Fuente: Wikipedia)*

Ejercicio #2
Corrige las palabras mal escritas en cada oración:

1.- El carro se dirigió rumbo al sur.

2.- La lancha zozobró en el Norte de la isla.

3.- Los soldados se unieron al ejército de américa del norte.

4.- El presidente Surcoreano invita a corea del norte a los juegos olímpicos 2018.

5.- Víctor cha, analista del centro de estudios internacionales y estratégicos y anterior encargado de la cuenta de Corea del norte en el Consejo De Seguridad Nacional De Estados Unidos.

6.- Forstall, en el museo de historia de la computación, dijo: "él era la persona más intensa que he conocido".

7.- La nave se dirigió al se.

8.- Era tan delgado que sus amigos lo llamaban el flaco.

9.- La cordillera de los andes es una cadena montañosa situada en sudamérica.

10.- Eran dos grandes amigos, juan y josé, pero el tiempo los separó.

11.- Un gran flagelo de la humanidad en la era medieval fue la peste negra.

12.- La princesa diana fue el miembro de la realeza más querido.

13.- La oea es la sigla de la organización de estados americanos.

14.- La película más vista ha sido lo que el viento se llevó.

15.- Martin Luther King dijo: "yo tengo un sueño".

16.- Aprender Español es una de las cosas más difíciles.

17.- Voy camino a mi clase de español.

Ejercicio #3

Corrige, si corresponde, si estas palabras deben o no escribirse con mayúscula:

América
Americano
Mexicano
Denver
colón
josé
república dominicana
Ricardo
matemáticas
matemático
escuela
escuela de panamá
licenciado
Martes
Primavera
Agosto
biblia
rey de españa
el papa
ministro de salud
era prehistórica
edad media
Era contemporánea
el sr. Gómez
doña María
En la película La Guerra de las galaxias y lo que el viento se llevó
josé llegó a la cima del everest
el gordo y el flaco

Visita los juegos digitales

y

las tarjetas relámpagos

Sopa de letras

Explicación del juego: Busca en esta cuadrilla 10 palabras que corresponden a un concepto relacionado con las reglas para las mayúsculas. Las palabras pueden estar escritas en forma horizontal, vertical o diagonal, de derecha a izquierda o viceversa y de arriba hacia abajo o viceversa.

Titulo, nombre propio, citas, organización, lugares, punto aparte, punto seguido, apodos, abreviaturas, siglas.

T	J	E	M	P	O	O	A	E	S	S	P	N
E	I	M	A	G	E	R	B	T	O	O	U	N
S	S	T	R	A	D	G	R	R	E	I	N	N
O	I	A	U	V	N	A	E	A	C	P	T	S
V	C	G	A	L	I	N	V	P	O	O	O	A
I	L	P	L	O	O	I	I	A	R	R	S	T
T	A	A	D	A	I	Z	A	O	L	P	E	I
O	R	O	P	A	S	A	T	T	R	E	G	C
M	P	R	E	O	T	C	U	N	M	R	U	S
A	A	M	E	D	D	I	R	U	M	B	I	S
P	R	O	I	M	T	O	A	P	C	M	D	P
S	A	T	O	D	C	N	S	E	I	O	O	D
L	U	G	A	R	E	S	E	L	U	N	X	Z

¿Encontraste las 10? ¡Qué bien!

Autoevaluación

Corrige si corresponde:

Lunes	
martes	
Febrero	
Primavera	
Francés	
guatemalteco	
Americano	
ministro del trabajo	
"la Guerra de las galaxias"	
banco exterior De México	
virgen de Guadalupe	
sra. María pérez de rojas	
d. Mario Zapata	
dr. juan fernández	

Lección 6: Uso de minúsculas

Aunque por lógica debemos deducir que las palabras que no caen en las 9 reglas de las mayúsculas debieran escribirse con minúscula, en el video se hace hincapié a 5 casos que suelen escribirse con errores y ellos son:

1.- Se usa minúscula en _____

2.- Se usa minúscula en _____

3.- Se usa minúscula en _____

4.- Se usa minúscula en _____

5.- Se usa minúscula en _____

Ejercicio #1

Corrige, si corresponde, el siguiente texto:

Las clases de ged se realizan cada Martes y Jueves en el estado de colorado. Tenemos 4 escuelas satélites donde el estudiante puede tomar sus clases, ellas están en: aurora, denver, thornton y el distrito de sheridan. El distrito de sheridan se encuentra ubicado al Sur Oeste de denver. Aurora es una ciudad que se sitúa en la zona noreste de Denver y Thornton la encontramos al Norte. Pronto se abrirá una nueva localidad en el SE; probablemente estará habilitada a partir del mes de Enero o Febrero para comenzar a matricular en la temporada de Primavera. La academia recibe estudiantes de muchos lugares, vienen Marroquíes, brasileños, gente de américa del sur, pero principalmente Mexicanos. Podemos decir que la escuela se ha convertido en una pequeña organización de naciones unidas donde disfrutamos de la diversidad.

Ejercicio #2

Corrige si corresponde y coloca las siguientes palabras en la columna que corresponda:

Primavera - lunes - teniente robles - El revoltoso – onu -   febrero américa - carlos - americano - ccd - noroeste - estimado sr. cornejo -   María Del Carmen   - La liga de los animales abandonados

Minúsculas	**Mayúsculas**
lunes	

Ejercicio #3

Coloca la manera correcta en que se escriben las siguientes palabras:

1) Viernes
2) Febrero
3) Verano
4) NorOriente
5) Americano
6) Juan Del Valle
7) Abril
8) Domingo
9) Invierno
10) Diciembre

Visita los juegos digitales   **y**   **las tarjetas relámpagos**

Autoevaluación

Indica si la oración es verdadera o falsa.

1.- _____ Los nombres comunes van con mayúscula

2.- _____ Los lugares geográficos como "golfo de méxico" va con minúscula

3.- _____ Los gentilicios como Americano se escriben con mayúsculas

4.- _____ Los días de la semana y los meses se escriben con minúscula

5.- _____ Las abreviaciones comienzan con mayúsculas.

6.- Da tres ejemplos donde se utiliza mayúscula:

a) _____
b) _____
c) _____

7.- Da tres ejemplos donde se utiliza minúscula:

a) _____
b) _____
c) _____

Lección 7: Combinación de consonantes

Para completar los ejercicios mira el video de la lección 7.

Adicionalmente a las combinaciones de que he hablado en el video, en este libro agregaré algunas combinaciones especiales:

1.- Combinación nm

Algunos ejemplos son: Inmediato, inmenso, inmigrar, inmaduro, conmiseración, inmortal, inmaculada, inmoral, inmenso, inmueble, conmigo, enmudecer.

El prefijo **in** significa "que carece de", por lo tanto, es una negación, significa "sin". Por ejemplo: maculada significa mancha, inmaculada es "que carece de manchas", es decir, es un ente limpio.

2.- Combinación mn

Omnisciente, himno, gimnasia, omnipotente, omnívoro, columna, alumno, insomnio, amnesia, amnistía, ómnibus, somnolencia.

3.- Combinación nn

Innato, innecesario, innovar, ennoblecer, ennegrecer, innumerable.

4.- Combinación gn

Significado, signo, ignominia, ignorancia, cognitivo, diagnóstico, dignificar (y todos sus derivados como digno), agnóstico, incógnito, resignar, magnesio, magnífico, pugna, insignia, impregnar, repugna.

5.- Combinación ng

Fingir, fungir, pingüino, ingrato, congruente, congraciar, engreído, ingrediente, mango, rango, pongo, cangrejo, congreso, rengar, sangre.

6.- Combinación gm

Dogma, pragmático, segmento, paradigma, fragmentar, diafragma.

Ejercicio #1

1) Escribe 5 palabras que empiecen con la combinación **Br**

2) Escribe 5 palabras que tengan al medio o al final la combinación **br**

3) Escribe 5 palabras que inicien con la combinación **Bl**

4) Escribe 5 palabras que termine o tenga al medio la combinación **bl**

5) Escribe 5 palabras que tengan la combinación **mb**

6) Escribe 5 palabras que tengan la combinación **nv**

7) Escribe 5 palabras que tengan la combinación **mp**

8) Escribe 5 palabras que tengan la combinación "**nf**"

9) De acuerdo al video, cuáles son las combinaciones que no existen en español?

Ejercicio #2
Revisa estas combinaciones de consonantes y si están mal escritas corrígelas en la columna de al lado:

rramo	*ramo*	jirafa	*correcta*
emfermero		coerente	
comfianza		yielo	
campo		herror	
anbiente		orror	
enbarazo		jirasol	
cumpleaños		huevo	
conprensión		hoído	
envlema		canbio	
vrazo		imvierno	
brazo		yama	
bramar		guitarra	
vroma		jénero	
jente		ajo	
ajente		pasage	
espirar		espresivo	
emvolver		embidia	
llanta		guelatina	
haiga		reguetón	
esplicar		ecsistir	
ecepción		esasperar	
e sabido		más mejor	
escelente		ollí	
atraves		elejir	
acecto		refinancee	
concecto		ocservo	
abitar		cavle	
rredondo		alrrededor	

Autoevaluación

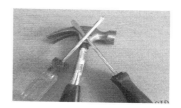

Corrige las palabras mal escritas en la columna de la derecha

aljebra		ormiga	
e bailado		marmol	
arvol		porcentage	
lapis		puntage	
automobil		govierno	
silaba		democrasia	
uerfano		voi	
a escuchado		guguetes	
jenera		bengo	
E hablado		llo	
A si mismo		intitución	
desarroyo		arrollo	
Girafa		jitanos	
abía		jente	
Uevo		hací	

Visita los juegos digitales

y

las tarjetas relámpagos

Lección 8: Separación de palabras

Ver video de la lección

Recapitulando el video: Una palabra está compuesta de sílabas. Una sílaba está compuesta, al menos, de una vocal y una o más consonantes. Es necesario saber cómo se dividen las palabras en sílabas por dos razones: Para separarlas correctamente si no hay espacio suficiente al escribirlas y también es útil para aplicar las reglas de acentuación.

Ejercicio #1
Según el video existen 9 reglas para dividir las palabras en sílabas y ellas son:
1.- _____
2.- _____
3.- _____
4.- _____
5.- _____
6.- _____
7.- _____
8.- _____
9.- _____

Ejercicio #2

En este ejercicio, separa cada palabra según la regla ya conocida

1) pajaro   novela   pá-ja-ro,   no-ve-la
2) respectivamente inmoral atento
3) Florecer   apresurar   gruñir
4) instituto   constipado
5) maíz
6) carro   coche   camello
7) cien huevo puerta
8) viudo ruiseñor ruido
9) pararrayos   posavasos
10) Contesta la pregunta: Carolina estaba escribiendo la palabra "disputa" y le quedaba un pequeño espacio en la línea para colocar solo la primera sílaba, sin embargo, ella no la separa y opta por colocar la palabra completa en la siguiente línea. ¿Qué lleva a Carolina a tomar esta decisión?

Ejercicio #3

Escribe en la columna de la derecha la forma correcta de separar la palabra.

Ejemplo :   Otorrinolaringólogo   O- to- rri- no- la- rin- gó- lo- go

Anterior		Televisión	
Reunir		Ejemplo	
Cinco		Buscar	
Institución		Vocal	
Mercado		Raíz	
Actitud		Respectivamente	
Información		Abrazo	
Canción		Otorrino	
Laringólogo		Huésped	
Juego		Diccionario	
Hormiga		Néctar	
Incomodidad		Reloj	

		Huía	
Uñas		Huía	
Cirugía		Reía	
Mármol		Caer	
Sílaba		Neurosis	
Teórico		Según	
Examen		Fe	
Última		Artículo	
Pájaro		Tienda	
Correr		Pie	
Conexión		Sistema	
Una		Cargar	
Recesión		Generaciones	

Ejercicio #4
Separa las palabras en sílabas

trastorno		índice	
productor		cargo	
reflejo		búsqueda	
modelo		Remedio	
alma		madrugada	
duele		resonancia	
revuelto		catalejo	
conspiración		morsa	
mercancía		proteger	
puerta		llame	
latino		jubilados	
cinco		receta	
violencia		evento	
música		Preguntas	

disponible		sombrero	
ayuda		publicidad	
radio		yo	
canto		constante	
armazón		amabilidad	
Pájaro		Colorado	
gusta		artista	
audio		decidir	
compañía		residuo	
Aéreo		colapso	

Ejercicio #5

Revisa si las siguientes palabras están separadas correctamente, de lo contrario, sepáralas correctamente

1) Li – bro	correcta	2) sa-bi-du-rí-a	
3) caca-rea	ca-ca-re-a	4) pu-er-ta	
5) hu-e-vos		6) di-a-blo	
7) pi-er-de		8) va-cío	
9) Re-fra - nes		10) val-les	
11) con-ver-sa-ci-ón		12) cabe-za	
13) a-quí		14) bar-ba	
15) mal-tra-te		16) be-be-r	
17) reu-ni-das		18) ci-en	
19) re-sca-tar		20) ob-ras	
21) vi-dri-o		22) u-sí-a	
23) re-vi-ví-a		24) re-vi-vió	
25) ti-mo-ne-ar		26) azu-zar	
27) hu-ndir-se		28) hedion-do	

Autoevaluación

Contesta si es Verdadero o Falso.
Si es Falso explica porqué.

1.- _____ Saber separar una palabra sirve para cortarla cuando falte espacio

_____

2.- _____ Aprender a separar una palabra es básico para aprender su acentuación

_____

3.- _____ Las consonantes ch ll   rr   las puedo separar a discreción

_____

4.- _____ Cuando se encuentran tres consonantes juntas se agrupan las dos primeras con la vocal anterior y la tercera con la vocal posterior.

_____

Si deseas practicar, usa este link #
http://tip.dis.ulpgc.es/silabas
http://buscapalabras.com.ar/silabas.php

Visita los juegos digitales   **y**   **las tarjetas relámpagos**

Lección 9: Formación de plurales

Ejercicio #1

Como vimos en el video, para configurar los plurales tenemos 5 reglas que debemos considerar y ellas son:

1.- _____

2.- _____

3.- _____

4.- _____

5.- _____

Ejercicio # 2

Coloca en la columna derecha, el correcto singular o plural de la palabra

Singular	Plural	Singular	Plural
casa	casas	mesa	
pie		marfil	
débil		maní	
calcetín		colibrí	
lápiz		capataz	
perdiz			veloces
ají		rubí	
carácter		Régimen	
	gafas		pinzas
	víveres		dosis
	comicios		tijeras

Excepciones

Algunos sustantivos se usan solo en singular como salud, génesis, sed, oeste. Otros, en cambio, se usan solo en plural y, por ende, carecen de singular como: ambos, cosquillas, exequias, nupcias, enseres;y otros se usan indistintamente en singular o plural. Ej.: *la crisis/las crisis, el virus/ los virus, análisis, cosmos, hipótesis, tesis, viernes, abrelatas, paracaídas, paraguas, rascacielos, dosis, metamorfosis.*

Visita los juegos digitales   y   las tarjetas relámpagos

Lección 10: Acento prosódico

Partiremos de la base que todas las palabras en español se acentúan. Esto quiere decir que tienen una sílaba tónica (en su mayoría, ya que en contados casos tenemos sílabas átonas). Pero no todas llevan acento pintado. Para poder trabajar con los acentos pintados, ortográficos o tildes (la rayita oblicua que se coloca sobre una vocal), primero, debemos aprender a distinguir la sílaba tónica dentro de la palabra.

Revisa el video de esta lección para entender y distinguir la sílaba tónica.

Ejercicio #1

Separa la palabra en sílabas e indica cuál es la sílaba tónica.

(Nota: Hemos colocado todas las palabras sin acento ortográfico de forma intencional)

Palabra	Separación en sílabas	Indica dónde se encuentra la sílaba tónica (última, penúltima, ante penúltima o ante-ante penúltima)
computador	com-pu-ta-dor	Última sílaba
manzana		
cancion		
facil		
ensayo		
balcon		
cuaderno		
lapiz		

Todo es cuestión de oído, pero si te es difícil, trata de exagerar la acentuación y prueba con cada sílaba.

Ejercicio #2

Intentaremos nuevamente con un número mayor de palabras

Palabra	Separación en sílabas	Indica dónde se encuentra la sílaba tónica (última, penúltima, ante penúltima o ante-ante penúltima)
impresora		
taza		
vaso		
fotografo		
cabello		
bigote		
montaña		
soldado		
microfono		
caja		
cajon		
anillo		
librero		
asilo		
papel		
gato		
comida		
cocina		
balon		
camara		
celular		
teclado		
boton		

Mexico		
campana		
semaforo		

Visita los juegos digitales   y

las tarjetas relámpagos

Lección 11: Acento ortográfico

El acento ortográfico o pintado (tilde) se clasifica de dos maneras:

Acento dierético: Es aquel que se coloca para separar sílabas (como lo vimos en lecciones anteriores-hiatos- y lo complementaremos con esta lección).

Acento diacrítico: Es aquel que se coloca para distinguir entre dos palabras que se escriben igual, pero tienen distinta función gramatical (que también trataremos más adelante, en el video Acentuación - Excepciones).

En el video explicamos que para colocar el acento ortográfico, pintado o tilde debemos, primero, separar las palabras en sílabas y luego diferenciar la sílaba tónica; de acuerdo a la sílaba tónica · podremos clasificar la palabra como aguda, grave o esdrújula. Se le colocará el tilde dependiendo de la regla ortográfica (para mayor detalle sobre las reglas, mira el video de esta lección).

Las mayúsculas y las abreviaciones llevan acento pintado cuando corresponde.

Ejercicio #1

De acuerdo a la sílaba tónica clasifica las palabras en: Agudas, Graves o Esdrújulas, colocando una "A", "G" o "E" según corresponda, una vez clasificada determina si la palabra lleva acento ortográfico o pintado, entonces colócasela si corresponde y explica por qué lleva o por qué no lleva.

Palabra	Tipo de palabra	Explicación
Pájaro	*E*	*Lleva acento pintado porque todas las esdrújulas lo llevan.*
Microfono		
telefono		
Documento		
Mesa		
Libro		
Haya		
Pantalla		
Semaforo		
felicidad		
celular		
teclado		
lapiz		
reves		
cancion		
tapon		
arbol		
segun		
filosofo		

Palabra	Tipo de palabra	Explicación
cortina		
semaforo		
gramatica		
matematicas		
nectar		
perdido		
pregunta		
implicita		
poco		
relativo		
algun		
unica		
dirigir		
total		
filantropo		
Aguila		

Ejercicio #2

Revisa si la palabra tiene puesto correctamente el acento tildado, de lo contrario, corrígela en la columna de la derecha.

Palabra	Corrección
Castellano	Correcta
Hormiga	
Numero	
Nómbre	
Regionál	

Palabra	Corrección
Locutora	
Ejemplo	
Mayusculas	
Lopéz	
Marmol	
Tijeras	
Fotos	
Perro	
Impresora	
Televisor	
Gáto	
Pelicano	
Fertil	
Lóro	
Compás	
Apendice	
Pág.	
Oportunidad	
Gente	
Ensayo	
Lampára	
Quizas	
Anonima	
Sémana	
Atras	
Asi	
Ingles	

Publicidad	
Pabellon	
Cultura	
Microfono	
Bajada	
Calcétin	
Publicar	
Capaz	
Noticias	
Capataz	
Mánera	
Clasico	
Matriz	
Actitud	
Dólar	
Hogar	

Ejercicio #3
Clasifica y ubica las palabras de la columna de la izquierda en la columna correcta:

Palabras	Esdrújulas	Graves	Agudas
Fácil		Fácil	
Exámenes			
Además			
Gato			
Panal			
Margen			
Hostil			

Palabras	Esdrújulas	Graves	Agudas
Débil			
Azúcar			
Beneplácito			
Cáliz			
Cólico			
Fémur			
Pregunta			
Carácter			
Papá			
Caracteres			
Sílaba			
Encontraba			
Única			
Técnica			
Difícil			
Dátil			
revés			
Camarín			
Género			
Esdrújula			
volantín			
Múltiples			
Febril			
Examen			
Láser			

Palabras	Esdrújulas	Graves	Agudas
Cámara			
Fútil			
Hábil			
Detrás			
Lápiz			
ímpetus			
Fútbol			
Frágil			
Café			
Fósil			
apagué			
Fénix			
canté			
Asir			
Déficit			

Ejercicio #4
Coloca el acento ortográfico a las palabras donde corresponda.

Palabra	Correcta acentuación
Habia	Había
Parpado	
Jovenes	
Juvenil	
Taza	
Dia	
Revancha	
Tome	
Banco	
Costo	
Servicio	
Consumidor	
Lagrimas	
Joven	
Oido	
Arpia	
Telefono	
Salvacion	
Util	

Autoevaluación

Indica si la oración es verdadera o falsa (V/F)

1.- _____   Para efectos de acentuación las palabras se clasifican en Graves y Agudas

2.- _____   Las palabras graves son aquellas que se acentúan en la última sílaba

3.- _____   Las graves llevan acento pintado si terminan en consonante menos "n" ni "s".

4- _____   Todas las palabras agudas se acentúan con acento ortográfico

5.- _____   Una palabra esdrújula nunca se le coloca acento pintado.

6.- _____   Los monosílabos no llevan acento pintado

7.- _____   La excepción de un monosílabo dependerá de la función gramatical.

8.- _____ Las palabras ¿Que? y ¿Quien? no llevan acento porque son monosílabos

9.-_____ La última sílaba es aquella que está más cercana a la mano derecha.

Lección 12: Acento – Nuevos cambios RAE 2010

La Real Academia Española (RAE) es el ente que regula nuestro lenguaje y como el lenguaje se va modificando con los años, esta organización revisa las palabras que ya no se usan, aquellas que han quedado obsoletas y las elimina o incorpora nuevas palabras al diccionario. Probablemente, en el S. XV no existían palabras como androide o internet y si nos vamos a épocas más reciente, muchas de ellas, se usan en América Latina, pero no existen en Europa. Por tal razón, cada cierto tiempo se revisa nuestra forma de hablar ya que el lenguaje es un ente vívido que está muy relacionado con nuestra cultura y con la era en que nos desenvolvemos. Así como existe el lenguaje del vulgo también existe el lenguaje según las generaciones.

Nota : Todos estos cambios prevalecen sobre cualquier información que hayamos incorporado en este libro o en los videos que no sea el de esta lección (Acento - Lo nuevo de la RAE 2010).

Ejercicio #1

Los nuevos cambios recién incluidos son:

1.- La letra _____ no se acentúa más cuando va entre números.

2.- La palabra _____ ya no se acentúa más aunque se trate de un adverbio de cantidad.

3.- No se acentúan más los pronombres demostrativos como:_____

4.- Las siguientes palabras se consideran monosílabos, por ende, ya no se acentúan: _____

Ejercicio #2

El siguiente artículo fue escrito antes del año 2010, por tanto, algunos acentos ya no corresponden de acuerdo a la RAE. Actualiza su gramática.

Aproximadamente en el año 1950 ó 1956, aún no está claro la fecha exacta, se encontró un cadáver flotando en el río que cruza el poblado. La policía comenzó a investigar para dar con el truhán que había cometido semejante crimen,   ése debiera ser una persona cercana a la víctima porque, según lo revelado por la autopsia, no se encontró señales de violencia física. Sólo desgarros en la ropa que podrían deberse a los árboles situados a la orilla del río. Al día siguiente,   se comenzó con la investigación de lo ocurrido la noche anterior. Aquélla fue fría, pero clara; lo que permitió a los pescadores ocasionales descubrir el cuerpo. Uno de los chicos atestiguó diciendo: "Yo huí despavorido. Salí a toda prisa del río y le conté a los demás, pero ellos comenzaron a reír". El chico se detuvo, respiró profundo y continuó: "Entonces les dije no riáis. Si quieren pueden ir a ver para que se den cuenta que no estoy mintiendo". Varios de ellos se acercaron donde señaló el joven, pero no encontraron nada. Más tarde, otras personas que volvían al campamento contaron lo mismo: de un cadáver que aparecía y desaparecía... Sonaba a un guión sacado de una película de terror. Finalmente, alguien decidió llamar a la policía, quienes desplegando sus grandes focos lograron dar con el occiso. Pero lo más increíble de todo es que al tratar de extraer el cuerpo, éste se desintegró sin dejar rastro alguno. A los pocos minutos volvió a aparecer 10 metros más allá.

Autoevaluación

Indica si la oración es verdadera o falsa (V/F)

1.- _____ Hay vocales abiertas o fuertes y vocales cerradas o débiles.

2.- _____ Las vocales abiertas son a, e, o.

3.- _____ Las vocales cerradas son i, u.

4.- _____ La gran mayoría de las palabras tienen una sílaba tónica.

5.- _____ Solo algunas palabras llevan acento pintado u ortográfico.

6.- _____ El acento pintado se divide en acento dierético o separador y acento diacrítico o distintivo.

7.- _____ El acento prosódico sirve para distinguir palabras.

8.- _____ Una palabra se puede dividir en sílabas.

9.- _____ Las sílabas para efectos de la acentuación se cuentan de izquierda a derecha.

10.- _____ La última sílaba es aquella que está más cercana a la mano derecha.

11.- _____ El acento pintado se coloca en la consonante.

12.- _____ Las palabras esdrújulas son aquellas cuya sílaba tónica es la última sílaba.

13.- _____ Por regla general, a los monosílabos no se les coloca acento pintado.

14.- _____ Las palabras agudas se acentúan ortográficamente si terminan en vocal, consonante "n" o consonante "s".

Visita los juegos digitales

y

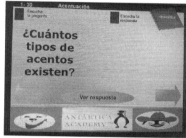

las tarjetas relámpagos

Lección 13: Acento – Excepciones

Adverbios

Los adverbios de modo, aquellos cuya terminación es "mente", en general, son una excepción a la acentuación, ya que ellos conservan su acento original. Si la palabra original no la tiene, entonces el adverbio tampoco.

Ejemplo: Útil   útilmente

Ejercicio #1

Palabra	Convierta en adverbio de modo
Práctica	Prácticamente
Rápida	
Cálida	
Mal	
Sola	
Científica	
Crítica	
Plácida	
Válida	
Mecánica	
Débil	
Fácil	
Específica	

Monosílabos

Los monosílabos son palabras que contienen una sola sílaba. Por definición, **los monosílabos no llevan acento pintado u ortográfico**. Se le coloca tilde a algún monosílabo si se le quiere distinguir de otra palabra que se escribe igual, se pronuncia igual, pero tiene distinta función gramatical. Este tipo de acento se llama **diacrítico o distintivo.**

Ej.: **Te** = No lleva acento si es un pronombre personal o reflexivo

Té = Lleva acento cuando es sustantivo (nombre dado a una infusión)

Partículas interrogativas o exclamativas

Los adverbios complementan los verbos y siempre van al lado de ellos. Existen 15 diferentes tipos de adverbios, entre ellos podemos nombrar los adverbios relativos como por ejemplo: Que, Quien, cuando, cuanto, donde, porque, como, para que; y los adverbios interrogativos o exclamativos: Qué, Quién, cuándo, cuánto, dónde, por qué, cómo, para qué. Notarás que ambos son los mismos, pero existe una diferencia: estos últimos llevan acento. Llevarán acentos cuando son preguntas o exclamación.

Qué = Lleva acento cuando es pregunta o exclamación.
Que = No lleva acento cuando es un pronombre o adverbio relativo o complemento.

Ejercicio #1

Completa la tabla, indicando cuándo le ponemos acento y cuándo no.

Monosílabo	No lleva acento cuando	Lleva acento cuando
Si	Si = condicional	Sí = afirmación
De		
Mas		
Que		
Cual		
Se		
Tu		
El		
Como (aunque no es un se monosílabo)		
Mi		
Aun		

Juegos, Rimas...y algo más

Ejercicio #1: La palabra correcta
Elige la mejor palabra entre las dos que se encuentran entre paréntesis para darle sentido a la oración.

1.- Mi padre me dijo: "Hija, (te/té) quiero mucho".
2.- Recibió su vestido y exclamó algo así como i(que/qué) chido!
3.- ¿(Cuando/Cuándo) vas a ir al doctor?
4.- ¿(Donde/Dónde) está mi chaqueta?
5.- El líder hispano César Chávez decía: "(Si/Sí), se puede".
6.- No le (de/dé) más dulces.
7.- Elige la fruta (mas/más) grande.
8.- Marta entró en la sala y Juan (se/sé) paró rápidamente.
9.- La canción de Bobby Capó dice:"Me importas tu y tu y tu..."(tu/tú).
10.- Voy a la casa de (el/él).
11.- Voy a la casa de (mi/mí) mamá
12.- Ramiro (aun/aún) no se va, espera por el taxi.
13.- (Aun/Aún) pagando la casa, la perderás.
14.- Me lo dijo a (mi/mí)
15.- Se sentó en (el/él) patio, debajo del parrón.
16.- Es importante que traigas (tu/tú) libro todas las clases.
17.- Sócrates decía: "Solo (se/sé) que nada (se/sé)".
18.- Me gustaría hacerle un pastel, (mas/más) no creo que alcance.
19.- Voy a la casa (/de/dé) Jorge.
20.- (Si/Sí) me llama, voy.
21.- Camina hasta la siguiente cuadra, (donde/dónde) está el correo.
22.- Limpiaré la casa (cuando/cuándo) me vaya de aquí.
23.- Dile (que/qué) no se demore mucho
24.- Fui a la casa de Sonia y me ofreció una rica taza de (te/té).
25.- Yo me (como/cómo) esta manzana.
26.- ¿(Como/Cómo) estás?
27.- Los gemelos son (como/cómo) dos gotas de agua.

Ejercicio #2: Completación de oraciones

En el recuadro tienes una serie de palabras, ubica la palabra necesaria para completar la oración dándole el correcto sentido (se pueden repetir y se pueden usar en minúsculas):

Qué Quién Cuál Cuándo Dónde Cómo Cuánto Que Quien Cual Cuando Cuanto Donde Como

1.- ¿_____ se ha encontrado tu hermano en el auto?

2.- Él quería saber _____ te lo prestó.

3.- ¡ _____ se cree que es ella!

4.- ¿Quieres saber _____ me lo ha comprado?

5.- Me preguntó _____ costaba la blusa.

6.- ¿_____ te ha llamado esta tarde?

7.- ¡ Ni te imaginas _____ ha ocurrido !

8.- ¿_____ es el número de teléfono correcto?

9.- ¿_____ vamos a ir de compras?

10.- La verdad es ____ no me acordaba.

11.- ¿_____ se encuentra de salud tu mamá?

12.- Los Valdez se preguntaban _____ colegio sería mejor.

13.- ¿_____ te costó ese vestido?

14.- ¿_____ estarán mis llaves?

15.- ¿De _____ ha salido este carro?

16.- ¡ _____ bolso tan bonito!

17.- ¿A _____ tengo que darle el dinero?

18.- En _____ lo sepa te aviso.

19.- No entendía _____ Juan había resuelto el problema.

20.- Se acuerda de aquel accidente _____ si fuera ayer.

21.- ¡ _____ estarán estos niños!

22.- El señor _____ ha venido es su marido

23.- La escuela a la _____ iremos el próximo año está muy cerca.

24.- ¡ _____ impresionante!

25.- _____ se desocupe el papá nos vamos de paseo.

26.- ¡ _____ caro!

27.- Se fueron abrazados _____ dos tortolitos.

28.- _____ no tenían vestidos decidieron ir con pantalones.

29.- ¿_____ cuesta el anillo?

30.- El libro _____ he perdido tendré _____ volver a comprarlo.

31.- ¡ _____ ha jugado el equipo! Se merecen ganar.

Autoevaluación

El siguiente párrafo es un extracto de un periódico local. Descubre los 30 errores y escríbelos correctamente acá abajo:

Rodriguez nacio y se crio en denver. Tiene dos hermanas mayor-es. Despues de la secundaria Rodriguez fue al CCD y obtubo un titulo asosiado a las comunicaciónes. Luego pasó a la Universidad de Colorado en Denver dónde en el 2001 completó su bachillerato en musica. Sus segidores de la musica hip hop lo conocen como dj chonz. Aprendio a mesclar discos de su hermano major. Se le considera el mas mejor. Tambien es voluntario de varias organizaciónes. Le gusta pescar los weekend, haiga o no haiga tiempo ce lo hase.

1)	2)	3)	4)
5)	6)	7)	8)
9)	10)	11)	12)
13)	14)	15)	16)
17)	18)	19)	20)
21)	22)	23)	24)
25)	26)	27)	28)
29)	30)		

Visita los juegos digitales   y

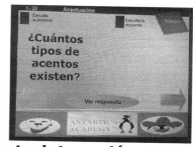

las tarjetas relámpagos

Lección 14: Partes de la oración

La oración es un conjunto de palabras que aportan una idea completa. Gramaticalmente, cada palabra tiene diferente función dentro de la oración. La oración tiene 9 partes. 5 partes son variables, es decir, sufren modificaciones (Nombre, adjetivo, pronombre, artículo y verbo) y 4 partes son invariables (adverbio, preposición, conjunción e interjección).

Muchas veces existe una confusión entre frases y oraciones. En el video explico la diferencia entre ambos. Entonces, ahora, estás en condiciones de hacer los ejercicios.

Completación de oraciones
1.- Para que una frase sea oración debe tener un _____
2.- La acción es indicada por el _____
3.- Sujeto tácito es _____

Ejercicio #1
Determina si el siguiente conjunto de palabras es una oración o una frase (Coloca una O o F) Si es oración subraya el verbo.

José fue de compras.
María estaba sentada frente a la puerta de calle.

Pan con mantequilla, mermelada y queso.
Soy, luego existo.
¿Y qué ?
Juan, recuérdame lo de mañana.
Juan, y lo de mañana ¿qué?
Aquellos feos y repugnantes insectos caceros con una increíble habilidad.
Poner una coma antes de la palabra producto.

Ejercicio #2

La oración está compuesta de _____ partes
Las partes variables o modificables son _____
Las partes invariables o fijas son _____

Coloca las partes de la oración en la columna correcta:

Partes de la oración	Partes variables	Partes fijas
Artículo	Verbo	
Interjecciones		
Conjunciones		
Verbo		
Adverbio		
Preposiciones		
Pronombre		
Adjetivo		
Sustantivo/Nombre		

Autoevaluación

Determine si las siguientes sentencias son frases u oraciones (F/O) y subraye el elemento que la convierte en oración. Tenga en cuenta que puede haber más de una oración en la misma sentencia, piense ¿por qué?

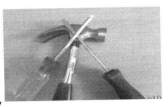

Dijo que ya
Rojas, amarillas y blancas hermosas flores
Así era
Tocan las campanas
El niño de camisa verde y pantalones café
Soy yo
Se fue a comer
El perro y el gato se pelearon nuevamente
El cielo azul
El cielo azul comenzó a oscurecerse
El cielo es azul
Habían encontrado 24 cuerpos recalcinados entre los fierros del avión y aún estaban calientes.
Marianela miró atentamente el barco que se acercaba, pero no se movió un ápice.
José calló.
Cuando una sombra se le acercó, Francisca respiró profundo, entonces se movió.
El pollo, en el huevo.

Visita los juegos digitales

y

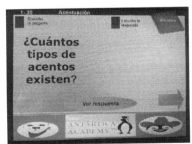

las tarjetas relámpagos

Lección 15: Partes variables de la oración

Las partes variables de la oración son 5: el artículo, el nombre (sustantivo o sujeto), el pronombre, el adjetivo y el verbo.
Aquí sintetizaré lo que vimos en el video.

1.- El artículo: El artículo puede ser definido o indefinido y se pueden clasificar según su número y su género; y acompaña a un sustantivo.

Ejercicio #1

En la columna de la izquierda se muestran varios artículos, colócalo en la columna que corresponda como muestra el ejemplo.

| Artículo | Definido | Indefinido | Género | | | Número | |
			Femenino	Masculino	Neutro	Singular	Plural
el	el			el		el	
la							
los							
las							
lo							
un							
unos							
una							
unas							

2.- El nombre: También llamado sustantivo o sujeto. El nombre puede ser propio o común, concreto o abstracto. El género puede ser masculino, femenino o neutro. También tiene número, es decir, puede ser singular o plural. El nombre puede ser reemplazado por un pronombre. Es el sujeto o la cosa de la cual se habla en la oración.

Ejercicio #2

Nombre	Propio	Común	Concreto	Abstracto	Género	Número	Pronombre
Fernanda	Fernanda		Fernanda		Femenino	Singular	ella
Roma							
mesa							
Egipto							
perro							
computadores							
Tierra							
limpio							
vampiros							
difícil							
bueno							

3.- El pronombre: Es aquel que reemplaza al nombre. Existen varios tipos, ellos pueden ser personales, posesivos, demostrativos, indefinidos, relativos, interrogativos y exclamativos.

Ejercicio #3

Pronombre	Tipo					
	Personal	Posesivo	Demostrativo	Indefinido	Relativo	Interrogativo/ exclamativo
Yo	Yo					
tuyo						
este						
alguien						
tú						
esta,						
él						

Pronombre	Tipo					
	Personal	Posesivo	Demostrativo	Indefinido	Relativo	Interrogativo/ exclamativo
nadie						
esto						
aquel						
mío						
cuyos						
algo						
esa						
nuestro						
cuyas						
ese						
las que						
aquellas						
ellas						
eso						
vuestro						
aquellos						
los cuales						
ustedes						
estas						
suyo						
estos						
ella						
aquello						
quienes						
quien						
la cual						
qué						
ellos						
cuál						
aquella						
quién						
nosotros						
cuyos						

Pronombre	Tipo					
	Personal	Posesivo	Demostrativo	Indefinido	Relativo	Interrogativo/ exclamativo
cuánto						
lo cual						
el que						
la que						
cuya						
lo que						
el cual						
los que						

4.- El adjetivo: El adjetivo siempre va junto al nombre o pronombre y lo califica. Ejemplo: el perro bravo

Ejercicio #4

Por cada sustantivo o nombre crea un adjetivo como lo muestra el ejemplo:

Sustantivo	Adjetivo
Niño	inquieto
La casa	
El libro	
Aquella silla	
Esta	
mis	
Las mascotas	
Nuestros	
Mario	
Las estudiantes	
Los impulsos	
El hermano	
Claudia	

1. **El verbo**:El verbo indica la acción dentro de la oración. Los verbos tienen tres terminaciones para el infinito (ar, er, ir). Se tienen tiempos simples (Yo como) y compuestos, los cuales se conjugan con el verbo "Haber" (Yo he comido).

Ejercicio #5

En la columna de la izquierda hay una serie de palabras, recoge los verbos y colócalos en la columna de la derecha.

Palabras	Verbos
increíble	miro
miro	
estación	
milla	
estás	
haciendo	
perfecto	
reír	
risa	
malo	
convierto	
transmitir	
anual	
manejo	
simular	
vida	
silla	
vivo	
ayuda	
enfermar	

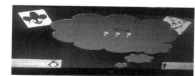

Visita los juegos digitales

y

las tarjetas relámpagos

Lección 16: Partes fijas (invariables) de la oración

Las partes invariables o fijas de la oración son 4: los adverbios, las preposiciones, las conjunciones y las interjecciones. Aquí las explicaremos sucintamente (Para detalles remítete a ver el video).

El adverbio: Va junto al verbo y lo califica. Hay más de 15 tipos de adverbios.

Las preposiciones: Indican una relación entre las palabras y esta relación puede ser de movimiento o ubicación. Las preposiciones originales son: a, ante, bajo, cabe, con, contra, de, desde, en, entre, hacia, hasta, para, por, según, sin, sobre, tras.

Se han añadido otras nuevas como: alrededor, durante, mediante, excepto, encima, enfrente, lejos de, con respecto a.

Las conjunciones: Enlazan palabras u oraciones (pues, e, pero, no, ni, que, sino, y, o, u).

Las interjecciones: Son expresiones de dolor, alegría, sorpresa, etc. (¡Ay! ¡Aj! ¡Oh! ¡Arre! ¡Ajúa! ¡Ja!)

Un alcance con respecto a la palabra "Que": la palabra "**que**" puede cumplir varias funciones dentro de la oración. Como dijimos anteriormente, puede ser un pronombre, un pronombre determinante interrogativo /exclamativo o una conjunción. Como conjunción puede ser un nexo en oraciones subordinadas.

Ej:
El muchacho **que** me presentaste.
La chica de la **que** te hablo.
La ciudad en la **que** vivimos.
¿**Qué** te dijo?

Análisis gramatical

El análisis gramatical consiste en separar la oración y determinar la función que tiene cada palabra en la oración, es decir, indicando a cual de las 9 partes de la oración corresponde cada palabra como muestra el ejemplo:

Así	que	la	Real Hacienda	procede	contra	los	avalistas	de	Cervantes
Adverbio	Pronombre relativo	Artículo femenino singular	Sustantivo propio	Verbo	Preposición	Artículo masculino plural	Sustantivo común	preposición	Sustantivo propio

Nota que la oración no necesariamente está ordenada de acuerdo al ejemplo del video, es decir, no siempre partirá por un artículo y un sustantivo y le seguirá un verbo, sino que este puede estar en cualquier lugar de la oración, siempre y cuando tenga sentido (obviamente) eso hace que el escrito se vea más elaborado y le dará a cada escritor un estilo único.

Ejercicio #1

Hace el análisis gramatical de la siguiente
oración tal como muestra el ejemplo de arriba:

Yo	voy	a	viajar	rápidamente	con	mi	buen	amigo	por	la	tarde

Ejercicio #2
Determina la función de cada palabra en las siguientes oraciones:

El	Perro	es	negro

Ejercicio #3

El	vaso	está	roto

Ejercicio #4

Don Quijote	Viaja	tranquilo	sobre	su	caballo

Ejercicio #5

La	cartera	es	cara,	pero	de	diseño	exclusivo.

Ejercicio #6

El	lapicero	negro	escribe	mejor	que	el	blanco

Ejercicio #7

La	Gaceta	ha	dado	gran	luz	a	los	escritos	sobre	Cervantes.

Ejercicio #8

Las	ejecuciones	del	Puerto de Santa María	fueron	necesarias	a pesar de	lo	dicho.

Ejercicio #9

En	los	tiempos	de	Carlos V	la	presencia	hispana	en	Italia	era	fuerte.

Ejercicio #10

Desde	allí	se	coordinaban	los	terribles	ataques	contra	las	grandes	bases	otomanas.

Autoevaluación

Identifica cada parte de la oración (Artículo, sujeto -nombre- o pronombre, adjetivo, verbo, adverbio, preposición, conjunción, interjección).

1) Los precios altos hacen invariablemente que la gente no compre.

2) Los niños pobres caminaron rápidamente seis horas desde su casa a la escuela vieja.

3) La cocina estaba caliente, sin embargo, la comida no se calentó.

Visita los juegos digitales   **y**   **las tarjetas relámpagos**

Lección 17: Signos puntuación con orden jerárquico

Para escribir un texto es muy importante la puntuación ya que dependiendo de cómo se use es el sentido que se le da a la lectura. Un punto colocado en un lugar erróneo o la falta de una coma puede cambiar todo el sentido de la oración.

Algunos signos de puntuación tienen un orden jerárquico, como los siguientes:
Coma (,) Punto y coma (;) Punto seguido(.) y Punto aparte (.) Punto final (.)

¿Cuándo usar coma ? ¿Cuándo usar punto ?

Revisa el video donde indica las funciones que tiene cada signo y las oportunidades para usarlos y, posteriormente, haz los ejercicios que se encuentran aquí abajo.

Ejercicio #1
Indica las 6 diferentes oportunidades en que se menciona en el video el uso de la coma (,)

1.- _____
2.- _____
3.- _____
4.- _____
5.- _____
6.- _____

Ejercicio #2
De acuerdo al video, indica las oportunidades que NO se debe usar coma
1.- _____
2.- _____
3.- _____
4.- _____

Ejercicio #3
Según el video, ¿cuándo usar punto y coma? (;)

1.- _____
2.- _____
3.- _____

Ejercicio #4
¿Cuándo usar punto seguido?

1.- _____
2.- _____
3.- _____
4.- _____

Ejercicio #5

1.-¿Cuándo usar punto aparte?

2.- ¿Cuándo usar punto final?

Ejercicio #6

Revisa estas oraciones y coloca los signos de puntuación que corresponden. (No olvides la mayúscula, si corresponde).

a) El ejercicio es una buena forma de bajar de peso

b) Carolina la hermana menor vive en Barcelona

c) Fernanda la dentista tiene un auto rojo no así su colega

d) Jorge el médico de la familia está trabajando en el hospital cercano y a veces va a almorzar a la casa otras veces al club pero nunca se queda en el hospital.

e) Bombón el perro de la casa fue a la peluquería le cortaron el pelo y las uñas y lo dejaron muy perfumado sin embargo apenas llegó a su hogar se revolcó en la tierra y quedó tal cual había salido

f) Para la Navidad se reúne la familia a celebrar el Nacimiento de Jesucristo todos llegan con los niños y traen regalos para los sobrinos tíos y abuelos una vez que cenan se juntan en la sala frente al Árbol de Navidad y reparten los presentes los abuelos disfrutan viendo a los nietos cuán sorprendidos abren sus obsequios

g) Las vacaciones de verano son un recuerdo imborrable que queda en nuestra mente como parte de la niñez algunos van de paseo a la playa otros al campo o a las montañas y aquellos que no pueden de igual forma lo disfrutan en su casa aunque sea tirándose agua con una cubeta lo importante es disfrutar y relajarse en esta temporada estival

h) Aquel día era el cumpleaños de Azulita su madre solía festejarlo invitando a sus amiguitas y vecinas compraba un gran pastel de cumpleaños globos helados y jugos a medida que iban llegando las amistades se reunían en el patio a la espera del famoso juego de la piñata, una vez que la piñata se rompía recogían los dulces que la contenían y procedían a sentarse sobre el pasto seco a comer y charlar. Ese día estaba todo permitido tales como gritar saltar y ensuciarse y Azulita aprovechaba todas esas excepciones

Visita los juegos digitales   y   las tarjetas relámpagos

Lección 18: Signos puntuación sin orden jerárquico

Ejercicio #1

De acuerdo al video contesta: ¿En qué oportunidades se usan los dos puntos (:)?

1- _____

2.- _____

3.- _____

4.- _____

Ejercicio #2

Coloca los signos de puntuación que corresponda o corrígelos en las siguientes oraciones:

1.- En la lista estaban los nombres de María Aurora Cinthia y Rubén

2.- Tengo un solo principio no hacer a los demás lo que no me gustaría que me hicieran a mí

3.- El refrán dice "Más vale pájaro en mano que, cien volando"

4.- Estimado amigo
     Esta misiva tiene por misión agradecerte tu hospitalidad

Ejercicio #3
De acuerdo al video contesta: ¿En qué oportunidades se usan los puntos suspensivos (…)?

1- _____

2.- _____

3.-_____

Ejercicio #4

Realiza los siguientes ejercicios, colocando los puntos suspensivos donde correspondan:

a) Entonces, no sé qué dijo ella y de pronto
b) Se escuchó un grito   y la sombra apareció.
c) La última canción de la folklorista chilena Violeta Parra dice: "Gracias a la vida que me ha dado tanto (   )"
d) Le temblaban las piernas, tragó saliva, suspiró y solo balbuceó: grrrr   ehhhh   ¿Ya puedo pasar?

Ejercicio #5
De acuerdo al video contesta: ¿En qué oportunidades se usan los signos de interrogación?

Ejercicio #6

Coloca los signos de interrogación donde correspondan

Y Alberto preguntó: " Qué no hay nadie que abra la puerta ".
Entonces, lentamente, Andrea se paró y antes de sacar el cerrojo lo
interrogó: - No será mejor que preguntemos primero quién es Bueno,
yo digo por si fuera un ladrón.

- ¡Ay, tonta! Cómo va a ser un ladrón Ellos no golpean la puerta
  para robar... o tú lo crees
- ¡Ya! Saca el cerrojo... qué esperas

Ejercicio #7

De acuerdo al video contesta: ¿En qué oportunidades se usan los
signos de exclamación (i!) ?

Ejercicio #8

Coloca los signos de exclamación donde correspondan:

- Qué hermoso atardecer   - exclamó su madre y abrió más las
  cortinas para que ella pudiera ver mejor.
- Oh, cierto dijo Regina. Ya casi había olvidado cómo eran los
  atardeceres frente al mar.
- Mira, mira... un delfín. Qué preciosa criatura
- Oh, sí ... Papá, papá Ven a verlo
- Ya voy, ya voy
- ¿Qué te parece?
- Sí, ciertamente hermoso.
- Me quedaría mirándolo por horas.
- Sí, pero no te agites, recuerda que tienes que descansar.
- ¿Qué te parece que te pongas a dormir? Creo que ya es hora.
- Sí, mamá. Tienes razón. Mil gracias
- De nada, hija. Buenas noches
- Buenas noches, mamá Buenas noches, papá
- Fue un lindo día

Ejercicio #9

De acuerdo al video contesta: ¿En qué oportunidades se usan los paréntesis ( )?

Ejercicio #10

Coloca paréntesis donde corresponda

a) En Chile se explota el cobre uno de los mayores productores del mundo la plata, el carbón y el salitre.

b) Así que usted es Martín Rivas – dijo la altiva Elvira Martín caminó lentamente hacia ella y bajó la cabeza tímidamente

c) El huemul un ciervo nativo y endémico de América del Sur se encuentra en peligro de extinción.

d) El huemul caracterizado por conformar pequeños grupos de individuos se distribuye en ambientes cordilleranos de los Andes de Chile y Argentina.

e) La mayor concentración de huemules se encuentra en la Patagonia en ambas vertientes del cordón andino desde los 40° a los 54° L.S.

Ejercicio #11

De acuerdo al video contesta: ¿En qué oportunidades se usa el guion?

1.- _____

2.- _____

3.- _____

4.- _____

5.- _____

6.- _____

Ejercicio #12

Coloca guion donde corresponda

a)

Maira	¿Dónde está mi bolso?
Joaquín	Yo lo vi hace un rato encima de la mesa.
Maira	Pero ya no está.
Joaquín	No pudo haber desaparecido así como así.
Maira	Pero así fue. ¿Quién lo habrá tomado?
Perkins	Señores, la cena está servida ¿gustan pasar al comedor?
Dionara	Perkins, Perkins, ¿a qué hora vienen los señores? ¡Me muero de hambre!

b) ¿Y si fuéramos al cine?   dijo Roberto   mientras se afeitaba.

c) Magaly, envíame $1.200

d) Marlene la hermana menor estaba estudiando en aquella escuela.

e) La guerra franco prusiana fue un conflicto bélico desarrollado en el S. XIX 1870 y 1871 entre el Segundo Imperio francés y el Reino de Prusia actual Alemania.

f) En el reino de las hadas, existían los elfos, unos diminutos se

res que acompañan a las hadas en sus viajes a los sue
ños de los niños, especialmente a las hadas de los dientes, quie
nes tienen que realizar innumerables viajes cada noche para re
coger, de las camas de los chicos, los dientecitos que se les han
caído.

Ejercicio #13
De acuerdo al video contesta: ¿En qué oportunidades se usan las comillas (" ") ?

1.- _____

2.- _____

3.- _____

Ejercicio #14
Coloca comillas donde corresponda

a) Mi hermano es un excelente gourmet.

b) El Coronel Buendía dijo: Esta vez, sí que la hacemos.

c) El libro *Los 7 Secretos para tener éxito en mi GED®* me ha ayudado a organizar mi tiempo y enfocarme en mis estudios.

d) Ese hermoso bouquet de flores me lo regaló mi novio.

e) Me llegó la invitación de mi prima para su boda y tengo que répondez s'il vous plaît   antes del 14 de junio.

Ejercicio #15
Las siguientes oraciones no tienen ningún signo de puntuación, Colóquele los signos correspondientes de tal manera que obtenga un texto con sentido.

a) Por qué ha sido así no hay una única respuesta.

b) Pues de qué suerte piensas honrar a tus padres y a tu patria preguntó el otro caballero Con mis estudios respondió el muchacho con mi preparación mi educación mi sapiencia y mis conocimientos los enorgulleceré.

c) Por otro lado López de Hoyo se convirtió en una especie de cronista oficial de la villa En efecto alguno de sus escritos fueron promovidos y anunciados por el Ayuntamiento.

d) En aquella tarde de verano en las calles se observaba una serie de actividades poco acostumbradas el chico de la verdulería el menor de la familia había estado afanosamente tratando de vender peras manzanas sandía y naranjas pero todo había sido inútil

Ejercicio #16

La señora Beatriz de Bonifacio al morir dejó un testamento. Pero como ella era muy descuidada en su gramática olvidó ponerle cualquier signo de puntuación. Su marido, los familiares, el sirviente e inclusive su perrita regalona están dispuestos a quedarse con su fortuna. ¿Podría Ud. arreglar el testamento y ponerle los signos de puntuación faltantes? De manera tal que el testamento favorezca solamente a:

a) <u>El marido</u>
Yo Beatriz de Bonifacio lego toda mi fortuna a quien me ha ayudado y acompañado durante mis últimos años y que ha estado conmigo en mi lecho de enferma a mi fiel sirviente le agradezco la presencia a mi perrita Dorothy quien ha permanecido conmigo noche tras noche junto a mi sobrino Ruperto nada le dejo a mi sobrina Josefina y mi tía Carlota por cierto todo mi amor y esperanza de reunirnos pronto quien cuidará de mi fortuna mi marido Bonifacio no lo dudo

b) <u>Su tía Carlota</u>
Yo Beatriz de Bonifacio lego toda mi fortuna a quien me ha ayudado y acompañado durante mis últimos años y que ha estado conmigo en mi lecho de enferma a mi fiel sirviente le agradezco la presencia a mi perrita Dorothy quien ha permanecido conmigo noche tras noche junto a mi sobrino Ruperto nada le dejo a mi sobrina Josefina y mi tía Carlota por cierto todo mi amor y esperanza de reunirnos pronto quien cuidará de mi fortuna mi marido Bonifacio no lo dudo

c) <u>El sirviente</u>
Yo Beatriz de Bonifacio lego toda mi fortuna a quien me ha ayudado y acompañado durante mis últimos años y que ha estado conmigo en mi lecho de enferma a mi fiel sirviente le agradezco la presencia a mi perrita Dorothy quien ha permanecido conmigo noche tras noche junto a mi sobrino Ruperto nada le dejo a mi sobrina Josefina y mi tía Carlota por cierto todo mi amor y esperanza de reunirnos pronto quien cuidará de mi fortuna mi marido Bonifacio no lo dudo

d) <u>Al sobrino Ruperto</u>
Yo Beatriz de Bonifacio lego toda mi fortuna a quien me ha ayudado y acompañado durante mis últimos años y que ha estado conmigo en mi lecho de enferma a mi fiel sirviente le agradezco la presencia a mi perrita Dorothy quien ha permanecido conmigo noche tras noche junto a mi sobrino Ruperto nada le dejo a mi sobrina Josefina y mi tía Carlota por cierto todo mi amor y esperanza de reunirnos pronto quien cuidará de mi fortuna mi marido Bonifacio no lo dudo

e) <u>A la perrita Dorothy</u>

Yo Beatriz de Bonifacio lego toda mi fortuna a quien me ha ayudado y acompañado durante mis últimos años y que ha estado conmigo en mi lecho de enferma a mi fiel sirviente le agradezco la presencia a mi perrita Dorothy quien ha permanecido conmigo noche tras noche junto a mi sobrino Ruperto nada le dejo a mi sobrina Josefina y mi tía Carlota por cierto todo mi amor y esperanza de reunirnos pronto quien cuidará de mi fortuna mi marido Bonifacio no lo dudo

Sopa de letras

Explicación del juego: Busca en esta cuadrilla las 12 palabras que aparecen abajo y que corresponden a un concepto relacionado con la gramática. Las palabras pueden estar escritas en forma horizontal, vertical o diagonal, de derecha a izquierda o viceversa y de arriba hacia abajo o viceversa.

Palabras a buscar: concordancia, coherencia, sustantivo, adverbio, verbo, punto, coma, guion, comillas, graves, agudas, dos puntos.

C	O	N	C	O	R	D	A	N	C	I	A	X
O	S	M	G	G	E	N	S	D	O	G	D	N
H	D	U	T	U	D	E	A	E	U	T	V	N
E	O	T	S	V	I	R	S	D	C	O	E	S
R	S	A	A	T	I	O	A	P	B	S	R	A
E	P	P	S	D	A	S	N	R	R	T	B	T
N	U	U	E	F	I	N	E	I	L	I	I	I
C	N	N	V	A	E	V	T	N	A	M	O	C
I	T	T	A	O	R	U	T	I	M	O	Q	S
A	O	O	R	D	P	G	T	I	V	O	M	S
B	S	N	G	S	A	L	L	I	M	O	C	P
S	A	T	O	D	C	E	N	A	I	A	D	D
E	S	A	L	L	I	T	E	L	U	M	S	Z

¿Encontraste las 12? ¡Qué bien!

Visita los juegos digitales   **y**   **las tarjetas relámpagos**

Autoevaluación

1.- Escribe un párrafo donde tengas que utilizar los siguientes signos de puntuación **¿ ? : ¡ ! " " - ( )**

2.- Corrija los errores ortográficos y de puntuación de este ensayo(60):

Me gusta jugar con mis sovrinos por que me relajan me alegran el día, y me hacen compañia.

En primer lugar me gusta jugar con mis sobrinos todos los fines de semana ya que abitualmente zuelo hir a su caza y dedicarles hunas cuantas horas de mí vida, eso ace que me relage de la tencion diaria. Segundamente son la lus de mi hojos me alegran el diario vivir y suelo pasar barias oras al dia tratando de entretenerlos y eyos a mi tambien disfruto mucho cuando jorguito intenta darle un puntapie a la pelota y fernanda trata de ablar.

En tercer lugar es bueno compartir con la familia y una de las formas mas agradavles de tener compañia es cuando les alludo en sus Tareas Escolares. Me gusta escuchar a Jorge cuando trata de leer lellendo uno de sus cuentos faboritos embez de dormirce el me quedo dormida llo.

Concllullendo, puedo desir que mis sobrinos an cido una mui Linda esperiencia compartiendo con ellos e aprendido a disfrutar la vida. Mis sobrinos Jorge y Fernanda siempre an sido mas que eso, llo diria que an sido unos estupendos amigos

Trabajo deprisa para vivir despacio.
Montserrat Caballé, cantante de opera española.

Lección 19: Concordancia gramatical

Como vimos en el video, concordancia gramatical se refiere a una relación de género y número entre sujeto, adjetivo y artículo. Por otro lado, tenemos que observar el verbo y su relación entre el sujeto o pronombre personal y los tiempos verbales. Todos ellos deben coincidir en cuanto a género, número y tiempo verbal.

Ejemplo

La	hermosa	escuela	abrirá	sus	puertas	en	agosto
Artículo femenino singular	Adjetivo femenino singular	Sujeto femenino singular	Verbo conjugado en tercera persona singular (él/ella) Tiempo: futuro	posesivo	Nombre común plural femenino	prepo-sición	Nombre común singular masculino

Nota que el Artículo, Adjetivo, Sujeto y Verbo coinciden en cuanto a género, número, persona y tiempo verbal, es decir, esta oración **está en concordancia gramatical** porque existe uniformidad entre las partes de la oración.

Ejercicio #1

Analiza la siguiente oración como aparece en el ejemplo:

Los	africanos	fueron	raptados	desde	sus	aldeas.

Ejercicio #2

El	hijo	se fue	de	su	casa	ayer.

Ejercicio #3

Nosotros	tendremos	una	gran	fiesta	la	próxima	semana

Ejercicio #4

La	inteligente	perrita	mira	fijamente	la	TV.

Ejercicio #5

Unas	manzanas	crecieron	muy	grandes	este	verano

Visita los juegos digitales   **y**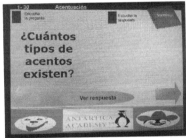

las tarjetas relámpagos

Autoevaluación

1.- _____ Concordancia significa que hay coincidencia.

2.- _____ Concordancia implica relacionar el artículo, el sujeto o pronombre, el adjetivo y el verbo en cuanto a género, número y tiempos verbales.

3.- _____ Analizando la palabra "la" sería: artículo definido femenino singular.

4.- _____ Analizando la palabra "bonita"sería: adjetivo femenino plural.

5.- _____ Analizando la palabra "velozmente" sería: adverbio de modo.

6.- _____ Analizando la palabra "caminas" sería: verbo, tercera persona plural del verbo caminar.

7.- _____ La siguiente oración se encuentra en concordancia: "Los estudiantes de GED se acaba de graduar".

Lección 20: Concordancia de dos sustantivos

Muchas veces cometemos el error de relacionar mal los sustantivos con la forma verbal por el hecho que encontramos dos sujetos. Me explico, conjugamos el verbo en plural cuando debiera ser en singular si existe un solo artículo. En síntesis, si tengo un solo artículo singular (aunque tenga dos sujetos) el verbo debe conjugarse en singular; si tengo dos artículos, se considera plural (aunque el artículo de cada uno sea singular). Si los sujetos estan en infinitivo. Para detalles revisa el video.

Ejercicio #1
Conjuga el verbo en la persona (singular o plural) que corresponda:

a) El canasto y la fruta se _____ en el comedor
   (verbo dejar)

b) La linterna y baterías se _____ en el closet
   (verbo guardar)

c) El paraguas se _____ en el paragüero.
   (colocar)

d) El gorro y chaqueta _____ colgada detrás de la puerta.
   (estar)

e) La carne y la mantequilla se _____ dentro del refrigerador.
(poner)

f) El despegue y alunizaje del cohete _____ programado para mayo.
(estar)

g) El cuesco y la cáscara se _____ a la basura
(botar)

h) Un cuaderno y lápiz _____ necesario para la clase.
(verbo ser)

I) Unos libros y un par de lentes _____ sobre la mesa
(verbo quedar en pasado)

j) Unas sillas y sofá se _____ en el salón
(verbo encontrar)

k) Correr y nadar _____ es el mejor antídoto para mantener el peso.
(verbo ser)

Lección 21: Concordancia de sustantivos colectivos

Los sustantivos colectivos son aquellos sustantivos que hacen referencia a un conjunto de seres, ya sean animales, personas o cosas, que pertenecen a un mismo grupo, clase o categoría. Pueden ser concretos o abstractos. En el caso de los sustantivos colectivos se conjuga el verbo en tercera persona singular.

Ejercicio #1

1.- La gente se _____ en la puerta.
(verbo aglomerar)

2.- El grupo de estudiantes _____ la prueba ayer.
(verbo tomar)

3.- El cuerpo médico también se _____ a la huelga.
(v. adherir)

4.- La compañía _____ a subir los precios.
(v. volver)

5.- La muchedumbre _____ despavorida.
(v. huir)

6.- El colegio de profesores _____ a una reunión.
(v. citar)

7.- La familia Cornejo se _____ de vacaciones.

(v. ir)

8.- El equipo de tenis se _____ para la revancha.

(v. preparar)

9.- El curso de Gramática _____ el examen con un 87%.

(v. aprobar)

10.- La familia Cornejo y la familia Elgueta se _____

(v. reunir)

para celebrar el aniversario de bodas de sus abuelos.

Visita los juegos digitales

y

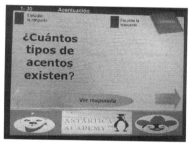

las tarjetas relámpagos

Lección 22: Concordancia sustantivos complemento

Al existir un sustantivo con un complemento se hace más difícil detectar el sustantivo debido a que el verbo se encuentra bastante distanciado.

Ej.: *La chica que está al medio del grupo grande de estudiantes es hermosa.*

Debemos detectar dónde esta el verbo y hacerle la pregunta al verbo (verbo ser) ¿qué cosa **es** hermosa? Entonces salta el sujeto: la chica. El resto es un complemento del sujeto (la chica) que nos indica en detalle donde está la chica o a qué chica me refiero específicamente.

Ejercicio #1
Subraya el verbo y sujeto de cada oración:
1.- Los periodistas extranjeros del comité de asuntos internacionales están aquí.

2.- La chica bonita de la blusa a cuadros rojos es hermana de Ramiro.

3.- Carlos, el joven más inteligente de la clase de Álgebra, me encanta.

4.- El potrero grande con pastizales altos está preparado para las crías.

5.- Los íconos azules de mi celular no sé para qué sirven.

6.- Todos los papeles en el archivador grande verde se han seleccionado para botarlos a la basura.

7.- Los pares de zapatos rojos y azules de arriba están para la venta.

8.- Las estrellas que tintinean en la oscuridad de la noche han muerto hace millones de años.

9.- La gran piscina en forma de riñón frente al bosque tiene una gran concurrencia de personas.

10.- Los lápices de cera que se encuentran en la caja de latón están listos para su uso.

Visita los juegos digitales   y   las tarjetas relámpagos

Autoevaluación

Revisa si hay concordancia en la oración

1.- No creo que te acordaré de traer el dinero

2.- La gente se reunieron en la Plaza de Armas

3.- El fue quienes me ayudaron

4.- El sombrero y bastón eran una pieza muy elegante en el vestir masculino hace un siglo atrás.

5.- El grupo de estudiantes gritaban alentando a su equipo.

6.- La sala de los computadores están llenas de estudiantes.

7.- Un cuaderno y unos lápices es el mejor complemento para la clase.

8.- Las botitas negra son buenas para el agua.

9.- La clase de Lenguas Muertas son las más interesantes.

10.- El cuerpo de bomberos fueron ovacionados después de su heroico trabajo.

Lección 23: Oraciones independientes y subordinadas

Oraciones independientes

Son aquellas que tienen un sujeto, un verbo y un predicado o complemento. Dos oraciones independientes se pueden separar por punto o punto y coma.

Para determinar si una oración es independiente haz el siguiente chequeo:

1) ¿Tiene verbo?
2) ¿Tiene sujeto explícito o implícito (quién/qué realiza la acción)?
3) ¿Es un pensamiento completo?
4) ¿Tiene sentido (significado)?
5) ¿Se entiende?

Ejercicio #1
Identifica el sujeto, verbo y complemento de la oración

1) Manuel montó a caballo.
2) La mamá le dijo que no.
3) Se fueron al campo.
4) De pronto José se paró
5) Y cuando quedaba el último trozo de pan se detuvo.

Ejercicio #2
Trabajando con las mismas oraciones anteriores, chequea si son oraciones independientes haciendo las siguientes preguntas:

1.- ¿Tiene verbo?
2.- ¿Tiene sujeto explícito o implícito (quién realiza la acción)?
3.- ¿Es un pensamiento completo?
4.- ¿Tiene sentido (significado)?
5.- ¿Se entiende?

Ejercicio #3
Señala dónde está(n) el(los) verbo(s) y determina dónde comienza una oración independiente y dónde empieza la otra oración independiente (si hubiera más de una).

1.- Al principio, la muchacha había insistido en llevar la cuenta del tiempo, aunque al ingeniero del Peugeout 404 ya le daba lo mismo, pero no puso obstáculo.

2.- A veces, llegaba un extranjero, alguien se deslizaba entre los autos viniendo del otro lado.

3.- En algún momento, una gran mariposa blanca se posó en el parabrisas y la muchacha admiró el perfecto vuelo cuando se alejó.

4.- La primera en quejarse fue la niña del 203, y el soldado y el ingeniero junto con el padre de la niña abandonaron los autos para buscar agua.

5.- Las radios locales habían suspendido las emisiones y solo el viajante del DKW tenía un aparato de onda corta que se empeñaba en transmitir noticias bursátiles.

6.- La chica dormía apoyada sobre el volante, un mechón de pelo contra los ojos; antes de subir al 404, el ingeniero se divirtió explorando en la sombra su perfil.

7.- A las nueve llegó un extranjero con buenas noticias; habían rellenado las grietas y pronto se podría circular normalmente.

8.- El calor empezaba a subir y la gente prefería quedarse en los autos.

9.- La noche no fue mala; había refrescado y brillaban algunas estrellas entre las nubes.

10.- Taunus bromeó sobre lo sucedido mientras iba de auto en auto.

Oraciones subordinadas

Son aquellas que dependen de otra. Ellas solas por sí mismas no tienen sentido, generalmente porque adolecen del verbo o porque requieren información adicional. Existe una oración principal (oración independiente) y está bajo "sus órdenes", es decir, hay una relación jerárquica, donde la oración subordinada es secundaria. Se pueden encontrar al comienzo, al medio o al final de la oración independiente. La oración subordinada se une a la oración independiente, por lo general, a través de un verbo en infinitivo o nexo y este puede ser una conjunción (que, si, cual, quien), conector (y, o, pero, mientras, entonces, así, aquí, aunque) o un signo de puntuación (, ;). Existen 3 tipos de oraciones subordinadas, pero aquí no las trataremos en detalle porque para efectos del GED no será necesario el análisis sintáctico. Solo aprenderemos a reconocerlas y, posteriormente, a modificarla.

Ejemplo:

Comieron

Aunque existe el verbo que indica la acción, por lo tanto, sabemos que es una oración, pero no dice mucho al respecto, nos falta información; no sabemos quiénes comieron, cuándo comieron, qué comieron, dónde comieron.

Chequeemos la oración subordinada:
1) ¿Es un pensamiento fragmentado?
2) ¿Se entiende por sí sola?
3) ¿Va acompañado de un adverbio (muletillas), nexo o conector que lo relaciona con la oración independiente (como una conjunción)?

Ejercicio #1

Coloca si la sentencia es oración independiente(I) o subordinada (S).

a) Construyendo algo que trascienda
b) He vendido mi coche
c) Trabajar contigo
d) La madre naturaleza te recompensa
e) Sé congruente, sé productivo, edúcate
f) Hoy día he dado todo lo que podía
g) Asume
h) Por siempre jamás

Ejercicio #2

Señala cuál es la oración independiente (I) y cuál es la oración subordinada (S) como muestra el ejemplo:

Cecilia toma el turno de la noche; / pero nunca el de día.
                I   S

a) La primera en hablar fue María Laura, esa misma tarde.

b) Su marido se tendió a su lado, cuan largo era.

c) Los alimentos que se disponían no eran los más adecuados, por cierto.

d) Y le dijo que se dirigiera al representante de su grupo, cinco autos más atrás.

e) A su gesto iracundo, el ingeniero respondió aumentando la presión en el brazo.

f) Se dijo que ese hombre no estaba enfermo; era otra cosa.

g) La muchacha del Dauphine cerró los ojos y pensó en una ducha cayéndole por el pecho y la espalda, corriéndole por las piernas.

h) Todo sucedía en cualquier momento, sin horarios previsibles.

i) El Dauphine iba tres metros más adelante, a la altura del Simca.

j) Donde todo el mundo miraba fijamente hacia adelante, exclusivamente hacia adelante.

(Extractos del cuento "Autopista del Sur" del escritor argentino Julio Cortázar, 1914-1984)

Ejercicio #3
Acá te presento una serie de oraciones subordinadas, conviértelas a oraciones independientes utilizando una o dos palabras, agregando muletillas y/o nexos (puedes eliminar el punto, cambiarlo por otro signo de puntuación e inclusive cambiar el orden).

1.- Ellos también.
2.- No hoy.
3.- Más tarde.
4.- Quién sabe.
5.- Aún no.
6.- Por doquier.
7.- Inclusive esta tarde.
8.- Ciertamente.
9.- cinco minutos solamente.
10.- No valió la pena.

Okay…veo que ya la hiciste…ahora, ¿podrías decir…

11.- ¿Qué elemento tuviste que agregar para convertirla en oración independiente? ¿No se te ocurre? Piensa, ¿qué parte de la oración está presente en todas las oraciones y que tuviste que agregar para darle sentido a la oración?

¿Por qué es importante determinar si una oración es subordinada de la otra?

Es importante para contestar un tipo de preguntas del examen relacionada con el orden en que se encuentran. Si aprendemos a diferenciar entre oración subordinada e independiente, seremos capaces de separar, reordenar o unir oraciones.

Las típicas preguntas para aplicar lo que estamos aprendiendo podrían ser:

1)¿Cómo quedaría mejor el párrafo: colocar la oración 1 después de la oración 3?
2)¿Qué cambios debiera hacerse en el párrafo para clarificar el concepto? ¿Colocando la oración 5 al comienzo del párrafo?
3)¿Cuál es la mejor manera de escribir la porción subrayada de esta oración?
4)¿Qué corrección debiera hacerse en el párrafo 13?
5)Para que el párrafo sea más efectivo debiera empezar con la oración...
6)La mejor forma de escribir la oración (3) es...

Conversión oración independiente a subordinada

Veamos esta oración:

En otoño se caen las hojas de los árboles.

Primero chequeemos si la sentencia tiene todos los elementos para que sea una oración independiente:
1.- ¿La sentencia tiene verbo (hay una acción indicada)?
Si no lo descubro de inmediato, me puedo preguntar ¿qué pasa en otoño?

Respuesta: se caen las hojas.
Sí. El verbo es **caer** y es un verbo reflexivo porque tiene la partícula "**se**" que indica que la acción la realiza el sujeto por sí mismo.

2.- ¿Tiene sujeto explícito o implícito (qué/quién realiza la acción)?

Sí. Para reconocerlo le hacemos la pregunta al verbo ¿qué o quién se cae?
Respuesta: las hojas.
Por lo tanto, el sujeto o sustantivo es: "las hojas".

3.- ¿Es un pensamiento completo (tiene sentido o significado)? ¿Se entiende?
Sí, entendemos qué hacen las hojas, en qué época del año se caen y de dónde se caen.

La forma de convertir esta oración en subordinada es incorporándole al comienzo un adverbio y posteriormente un nexo.

Mientras en otoño se caen las hojas de los árboles,

Comenzamos con un adverbio "Mientras" y al final le colocamos un nexo que en este caso es una coma.

Nota que al colocarle el adverbio y el nexo, pierde el sentido, queda trunca, queda un pensamiento fragmentado, no tiene sentido por sí sola, le falta completar el pensamiento porque no está diciendo absolutamente nada (la definición de una oración subordinada). Ahora nuestra sentencia va acompañado de un adverbio (muletilla) al comienzo y termina con un nexo o conector que lo relacionará con la oración independiente que debiera venir enseguida, es decir, la hemos convertido en solo una frase introductoria a un pensamiento completo que debiéramos agregar para darle sentido y que podría ser:

Mientras en otoño se caen las hojas de los árboles,
en primavera las hojas crecen verdes y frondosas.

En este caso, el adverbio "mientras" hace las veces de una comparación, o sea, está diciendo que en otoño pasa una determinada cosa con las hojas y en primavera ocurre una situación diferente. Al ponerle la coma la hemos dejado convertida en una frase introductoria al pensamiento siguiente que debiera ser la oración independiente.

Nexos

Son los signos de puntuación , ;
Palabras como: que - y – o - no
Las muletillas como: Mientras, cuando, en cuanto, si, desde, desde que, como, etc.

Ejercicio #1

Convierte estas oraciones independientes a subordinadas, agregando una oración independiente y los nexos necesarios.

1.- Los obreros de la construcción estaban cambiando las tejas rotas.

2.- Me voy de la casa.

3.- Llueve torrencialmente.

4.- El campamento de verano comienza el 5 de junio.

5.- Se tapa el sol completamente con el eclipse.

6.- Las flores se secan.

7.- Toco mi guitarra.

Visita los juegos digitales   y   las tarjetas relámpagos

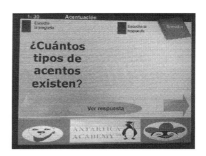

Autoevaluación

Identifique la oración subordinada e independiente

1) José fue a pescar y trajo salmones, pejerreyes y cochayuyos para la cena.

2) No hables de utopías; sino de realidades.

3) No es un desconsiderado; sino un mal educado.

4) Todos estaban de acuerdo en asistir a la reunión, pero ellos no.

5) Mientras Carlitos jugaba en la playa, los demás en la casa.

La mayor victoria: el vencerse a sí mismo.
Pedro Calderón de la Barca, dramaturgo español
(1600-1681)

VI.- Errores más comunes en la lengua castellana

Error	Correcto
Haiga	**Haya** (Se usa el verbo haber para conjugar tiempos compuestos)
e andado – a bailado	**He andado ha bailado** verbo haber con el participio de otro verbo (diferente a la conjunción "e" o a la preposición "a")
de el	**"del"** se contrae. Cuando la palabra **"el"** es un artículo y no un pronombre, en el caso que sea pronombre "el" va con acento y no se junta a la preposición "de" Ej.: este carro es de él (correcto) "carro del hermano" (es correcto) y no "carro de el hermano" en este caso la palabra "el" se usa como artículo y no como pronombre, por lo tanto, se une al la preposición"de"
Ala a la al	si es el ala de un pájaro va junto. Si es la preposición "a" con el artículo "la" van separados. Ej: voy **a la** casa de tu mamá. "Voy a el jardín" también se unen y se coloca "Voy al jardín"
"Más mejor" (es una redundancia)	"**Mejor**" o "Mucho mejor"
Identificaciónes	**Identificaciones** (plural va sin acento)
Refinancee (no existe)	**Refinancie** (se pronuncia acentuando la "a", es decir, la sílaba tónica es "nan'
Em veces	A veces
Onde	Donde
Printeado (es un spanglish)	Impreso
Concecto	Concepto
Acecto	Acepto

Concección	Concepción
Engranpar	Engrapar
Enpujar / rempujar/ puchar	Empujar
Ponchar	Marcar
Pior	Peor
Copeo	**Copio** (se pronuncia acentuando la primera "o", es decir, la sílaba tónica es "co")

Palabras que siempre van separadas :

A través
Tal vez
Más o menos
Sin embargo
O sea
Es decir

Las tres últimas van entre comas (o su nivel inmediatamente superior (; .).

Por lo general, hay errores en las palabras homófonas (se pronuncian igual, pero se escriben distintas):
 Taza es distinto a tasa (Taza de té es distinto a tasa de interés-%-)

Para mejorar tu ortografía, escribe la palabra al menos unas 10 veces y cada vez que la escribas repite en voz alta la forma en que se escribe.

Ejemplo:
 A través   "Se escribe separada con Uve (o ve chica) y acento en la é" .

VII.- Revisar el ensayo

Toma tus ensayos, aquellos que hiciste en el primer nivel y corrige lo siguiente:

1.- Mayúsculas
2.- Separación de sílabas
3.- Puntuación
4.- Acentuación
5.- Construcción de las oraciones
6.- Concordancias en la escritura (sujeto, verbo, adjetivo)
7.- Subordinaciones
8.- Palabras que se confunden o usan inapropiadamente
9.- Repetición de palabras
10.- Uso de las muletillas
11.- Coherencia del escrito
12.- Comparación y Contrastes
13.- Relación Causa-Efecto

Si estás estancad@ en una pregunta o ejercicio, respira profundo, da una vuelta o sáltate el ejercicio y vuelve a retomarlo más tarde.

VIII.- Exámenes de práctica

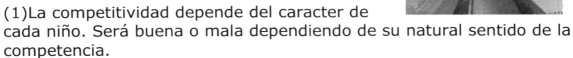

Examen de práctica 1

(1)La competitividad depende del caracter de cada niño. Será buena o mala dependiendo de su natural sentido de la competencia.

(2)Hay niños que son competitivos desde pequeños. Estos buscan alcanzar sus metas. En algunas áreas de nuestro mundo adulto se demanda un duro trabajo. Si nosotros preparamos a nuestros niños para ese ambiente, probablemente, le ayudará mejor a desarrollar sus habilidades. Ellos conocerán su potencial. Hay estudios que han mostrado que niños a la edad de 3 años tienen un liderazgo ya desarrollado. Desde pequeños comienzan a dirigir juegos y conseguir que otros niños lo sigan en sus actividades.

(3)Por otro lado, hay niños que demuestran un rechaso inmediato a la competencia. Se sienten ansiosos, presionados y muestran enojo o demuestran su frustración llorando si alguien logra ganarlos. Prefieren actividades donde no necesitan competir, en un ambiente relajado y amistoso.

(4)No importa de qué nacionalidad sea el niño polaco, inglés, francés, o americano, su naturaleza es la misma.

1) ¿Qué corrección debería hacerse en la oración (1)
   a) Sacar el acento a la palabra "Será"
   b) Dejar margen al iniciar la oración:"   Será buena o mala (...)"
   c) Poner acento a la palabra "carácter"
   d) Cambiar "competencia" por "competensia"
   e) Cambiar "competitividad" por "competitibidad"

2) ¿Qué error encuentra en la oración (2) ?
   a) Poner acento a la palabra "Estos"
   b) Sacar acento a la palabra "área"
   c) Cambiar "Si nosotros" por "Sí nosotros"
   d) Cambiar "han demostrado" por "a demostrado"
   e) Sin error

3) ¿Qué cambios debería hacer en la oración (3)?
    a) Cambiar "competencia" por "conpetencia"
    b) Cambiar "donde" por "dónde"
    c) Cambiar "amistoso" por "amistozo"
    d) Cambiar "rechaso" por "rechazo"
    e) Sin error

4) La mejor forma de escribir la oración (4) es:
    a) Cambiando las minúsculas por mayúsculas en: "polaco, francés, o americano"
    b) Quitando la coma antes de "o" en "polaco, francés, o americano"
    c) "Ni importa que nacionalidad...
    d) Cambiando "naturaleza" por "naturalesa"
    e) Cambiar "niño" por "Niño"

5) La mejor forma de unir estas oraciones es:
    a) No importa de qué nacionalidad sea el niño polaco, inglés, francés, o americano, su naturaleza es la misma
    b) No importa de qué nacionalidad sea el niño: polaco, inglés, francés o americano; su naturaleza es la misma.
    c) No importa de qué nacionalidad sea el niño polaco, inglés, francés, o americano (su naturaleza es la misma)
    d) No importa de qué nacionalidad sea el niño polaco, inglés, francés, o americano. Su naturaleza es la misma
    e) No importa de qué nacionalidad sea el niño polaco, inglés, francés, o americano - su naturaleza es la misma.

6)Si se cambiara el orden de las oraciones en el último párrafo y se iniciara con la oración: "Hay estudios que han mostrado que niños a la edad de 3 años tienen un liderazgo ya desarrollado". La siguiente oración debería ser :

    a) Estos buscan alcanzar sus metas.
    b) En algunas áreas de nuestro mundo adulto se demanda un duro trabajo.
    c) Si nosotros preparamos a nuestros niños para ese ambiente probablemente le ayudará mejor a desarrollar sus habilidades.
    d) Ellos conocerán su potencial.

e) Desde pequeños comienzan a dirigir juegos y conseguir que otros niños lo sigan en sus actividades.

7) ¿Cuál sería el mejor título para este trozo?
a) La naturaleza del niño
b) La competencia entre niños
c) Los niños y la competitividad
d) ¿Es buena o mala la competitividad en los niños?
e) ¿Cómo lograr niños más competitivos?

8) ¿En cuál de estas oraciones NO hay problemas de concordancia?
a)La competitividad dependen del carácter de cada niño.
b)Hay niños que son competitivas desde pequeñas
c) Si nosotros preparamos a nuestros niños para ese ambiente probablemente le ayudará mejor a desarrollar sus habilidades.
d) Hay estudios que ha mostrado que niños a la edad de 3 años tienen un liderazgo ya desarrollado.
e) Por otro lado, hay niños que demuestran un rechazo inmediato a la competencia.

9) Subraye las oraciones subordinadas
a) Prefieren actividades donde no necesitan competir, en un ambiente relajado y amistoso.
b) No importa de que nacionalidad sea el niño: polaco, inglés, francés o americano; su naturaleza es la misma.
c) Estudios han mostrado que niños a la edad de 3 años tienen un liderazgo ya desarrollado, otros no.
d) Si nosotros preparamos a nuestros niños para ese ambiente, probablemente, le ayudará mejor a desarrollar sus habilidades. Ellos conocerán su potencial.
e) Los niños potencialmente líderes se les debiera prestar especial atención para que desarrollen todas sus aptitudes, sino se perderán.

Examen de práctica 2

(1)Todos tenemos crencias he ideas acerca de differentes cosas. Muchas de nuestras creencias y de nuestros pensamientos no son sientíficos. (2)La ciencia no puede decir que carrera escojer, con quien cazarse, o con quien hir a misa los Domingos (3)en general lo que la ciencia puede hacer es proveerle de respuestas confiables correctas e experimentables. Para saber las respuestas debe conocer las reglas o normas, el primer paso es entender que ay muchas clases de conocimiento. (4)E aqui un analisis de los diferentes tipos de conocimiento y de la manera que puede husarlo para contestar preguntas. (5)Los echos o datos son segmentos de informasion adquirida por observaciones especificas a travez de mediciones.(6) Sí a ud. se le dice que una bola rueda a 12 metros por sejundo, esto es una medision. Si es verda es un hecho. (7)Quisas se le pida que determine si una afirmacion es un hecho valido respaldado por el metodo nesesario para demostrar su valides. (8) La tecnica esperimental descuidada produce afirmaciones que parecen hechos, (9)pero que no lo son.

1.- ¿Qué errores se deben corregir en la oración (1)?
a) Cambiar todos por todo
b) Cambiar creencias por crencias
c) Cambiar crencias por creencias
d) Cambiar tenemos por tenimos
e) Cambiar sientíficos por científicos

2.- ¿Qué errores debemos corregir en la (1)?
a) Cambiar acerca por a cerca
b) Cambiar pensamientos por penzamientos
c) Cambiar differencia por diferencia
d) Cambiar muchas por mucha
e) Sin errores

3.- ¿Qué palabra(s) tiene(n) un error ortográfico (1)?
a) he ideas y sientíficos
b) cosas y pensamientos
c) tenemos y nosotros
d) creencias
e) Sin error

4.- En la oración (2) existen 7 errores ortográficos y 2 errores de puntuación. Encuéntralos y escríbelos correctamente:
(2) *"La ciencia no puede decir que carrera escojer, con quien cazarse, o con quien hir a misa los Domingos"*

Errores ortográficos

Errores de puntuación

5.- ¿Con qué signos de puntuación se pueden unir mejor las oraciones (2) y (3)?
(2)La ciencia no puede decir que carrera escojer, con quien cazarse, o con quien hir a misa los Domingos (3)en general lo que la ciencia puede hacer es proveerle de respuestas confiables correctas e experimentables. Para saber las respuestas debe conocer las reglas o normas, el primer paso es entender que ay muchas clases de conocimiento.

a)Poner una coma despúes de la palabra **Domingos** "Domingos, en general (…)"

b) Poner las palabras **en general** entre comas: "Domingos, en general, lo que la ciencia…"

c) Poner un punto y coma después de la palabra Domingos: "los Domingos; en general…"

d)Poner un punto seguido después de la palabra Domingos y una coma después de la palabra general: "a misa los Domingos. En general, lo (…)"

e) Del modo en que está unida está correcta.

6.- Este párrafo tiene 6 errores ortográficos y/o de puntuación, señala cuáles son:

(3)en general lo que la ciencia puede hacer es proveerle de respuestas confiables correctas e experimentables. Para saber las respuestas debe conocer las reglas o normas, el primer paso es entender que ay muchas clases de conocimiento.

1.-

2.-

3.-

4.-

5.-

6.-

7.- Este párrafo tiene 9 errores ortográficos, señala cuáles son:

(4)E aqui un analisis de los diferentes tipos de conocimiento y de la manera que puede husarlo para contestar preguntas.

(5) Los echos o datos son segmentos de informasion adquirida por observaciones especificas a travez de mediciones.

1.-

2.-

3.-

4.-

5.-

6.-

7.-

8.-

9.-

8.- ¿De qué manera se puede unir mejor las oraciones (1) y (2)?
(1)Todos tenemos creencias e ideas acerca de diferentes cosas. Muchas de nuestras creencias y de nuestros pensamientos no son científicos.
(2)La ciencia no puede decir qué carrera escoger, con quién casarse o con quién ir a misa los domingos.
a) Escribiendo primero la oración (2) y después la (1)
b) Colocando puntos suspensivos (...) entre medio de ambas
c) Colocando una coma después de la oración (1)
d) Colocando un punto seguido después de la oración (1)
e) Está correcta como está.

9) Este párrafo tiene 13 errores ortográficos, señala cuáles son:

Sí a ud. se le dice que una bola rueda a 12 metros por sejundo, esto es una medision. Si es verda es un hecho. Quisas se le pida que determine si una afirmacion es un hecho valido respaldado por el metodo nesesario para demostrar su valides la tecnica esperimental descuidada produce afirmaciones que parecen hechos, pero que no lo son.

1.-
2.-
3.-
4.-
5.-
6.-
7.-
8.-
9.-
10.-
11.-
12.-
13.-

10) Señala cuál es la mejor forma para unir las oraciones (1), (2) y (3) (coloca signos de puntuación y mayúsculas donde corresponda):

(1)Isla de Pascua o Easter Island, como se le conoce en inglés, es una isla de origen volcánico que se eleva a 3.000 metros sobre el fondo oceánico

(2) su superficie basal tiene forma de trapecio y es 50 veces su área emergida en cada vértice producto de erupciones volcánicas se localiza un volcán principal

(3) el Poike al este, el Rano Kau en el sur y el Maunga Terevaka en el norte.

11) Subraya todas las oraciones subordinadas que encuentres en el párrafo:

Esta pequeña parte del cuerpo humano, el ombligo, tiene un significado importante para los rapa nui, los habitantes de Isla de Pascua. Aquí se ubica el centro de cada ser humano. Al cortarse el cordón umbilical de la placenta, permanece el recuerdo de la gestación. Es el comienzo y fin, es el dar y recibir, es la conexión con la madre. Por eso es la parte más importante del ser humano y no el corazón.

Tengo unas buenas cualidades que se reflejan en esos exámenes que me hacen, pero sin más. Hay gente que tiene mejores cualidades que yo, pero lo difícil es tener mentalidad de campeón y constancia para entrenar, porque las cualidades hay que desarrollarlas.

Miguel Induráin, campeón de ciclismo español.

Examen de práctica 3

(1) La comunicación interpersonal efectiva depende de muchos factores. De acuerdo a mi experiencia, especialmente desenvolviéndome en un ambiente multi-cultural y multi-racial en los diferentes países que he vivido, tales como, Francia, España y Inglaterra, los factores mas importantes para una buena comunicación son: la actitud, la motivación y los códigos utilizados para transmitir en forma efectiva nuestras ideas, pensamiento u opiniones.

(2) En primer lugar, la actitud con que enfrentemos a nuestro receptor es muy importante para comenzar a contactarnos con nuestro auditorio. Por ejemplo, si nuestra posición es confrontacional, es decir, actuamos en forma prepotente, con la intensión de herir a la otra persona o con una actitud arrogante, sientiéndonos superiores y haciendo sentir a nuestros oyentes personas inferiores, obviamente no tendrá el resultado que queremos o sea no estamos siendo persuasivos. Solo lograremos una actitud de rechazo o de contra-ataque. (3) En cambio, si nuestro comportamiento se inclina más por ponernos en sus zapatos (en el lugar del otro), lo más probable es que su respuesta será una actitud más abierta a querer escucharnos. (4) Por otro lado, el saber escuchar es una virtud que muy pocas personas tienen. (5) La tendencia a escuchar primero a nuestro interlocutor tiene mayores ventajas, una de ellas es conocer rapidamente qué necesita nuestra audiencia, qué espera de nosotros, cuáles son los valores y principios que lo rigen, una vez que lo hemos escuchado, lo más probable es que estará más dispuesto a oír lo que nosotros tenemos que decir. (6) Muchos estudios sociológicos demuestran que las personas más amigables y las que tienen amistades duraderas son aquellas que saben escuchar.

1.- ¿Qué corrección debería hacerse en la oración (1)?
a) Inserte una coma después de "motivación" en "la actitud, la motivación, y los...
b) Cambiar "comunicación" por "comunicasión"
c) Quitarle el acento a países
d) Ponerle acento a la palabra "mas" en: factores mas importantes
e) Sin error

2.- ¿Qué puntuación es la más apropiada para conectar las palabras subrayadas en la oración (2)?:
a) no tendrá el resultado que queremos. O sea no estamos siendo persuasivos
b) no tendrá el resultado que queremos, o sea, no estamos siendo persuasivos
c) no tendrá el resultado que queremos (o sea no estamos siendo persuasivos)

d)no tendrá el resultado que queremos, o sea; no estamos siendo persuasivos

e) no tendrá el resultado que queremos - o sea no estamos siendo persuasivos

3.- ¿Cuál es la mejor manera de escribir las palabras que están subrayadas en la oración 3? (Si cree que la versión original es la correcta escoge la opción a)

a) En cambio, si nuestro comportamiento se inclina más por ponernos en sus zapatos (en el lugar del otro),

b) En cambio, si nuestro comportamiento se inclina más por ponernos en sus zapatos. En el lugar del otro)

c) En cambio, si nuestro comportamiento se inclina más por ponernos en sus zapatos. En el lugar del otro

d) En cambio, si nuestro comportamiento se inclina más por ponernos en sus zapatos;en el lugar del otro;

e) En cambio, si nuestro comportamiento se inclina más por ponernos en sus zapatos [en el lugar del otro]

4.- ¿Cuál es el mejor nexo para conectar las dos oraciones (3) y (4)?

a)Por otro lado, el saber escuchar es una virtud que muy pocas personas tienen.

b)Asimismo, el saber escuchar es una virtud que muy pocas personas tienen.

c)Sin embargo, el saber escuchar es una virtud que muy pocas personas tienen.

d)Sin embargo el saber escuchar es una virtud que muy pocas personas tienen.

e)Muy por el contrario el saber escuchar es una virtud que muy pocas personas tienen.

5.-¿Qué modificaciones se debe hacer a este párrafo (5)?

a) Quitarle el acento a los "qué"

b) Quitarle el acento a "cuáles son los valores"

c) Sacarle la hache a la palabra "hemos" en la oración :"lo hemos escuchado"

d) Ponerle acento a la palabra "rápidamente" .

e) Sin error

6.- ¿Qué error pudiera tener el párrafo (6)?
a) Se deberá sacar el acento a la palabra "sociológicos"
b) Sacar el acento a "más"
c) Cambiar "saben" por "saven"
d) Insertar una coma antes de la palabra "demuestran"
e) Sin errores

7.- En la oración (6) las palabras "son aquellas" se refiere a:
a) estudios sociológicos
b) las amistades
c) muchos estudios
d) amigables
e) las personas más amigables

8.- ¿Cuál sería el mejor título para el párrafo?
a) ¿De qué depende la comunicación efectiva?
b) Actitudes ante el receptor
c) La comunicación interpersonal
d) Mi experiencia con diferentes culturas
e) Factores para una comunicación efectiva

9.- Elija la opción correcta:
a) Cambiar "factores" por "factóres"
b) Cambiar "opiniones" por "opiniónes"
c) Quitarle la mayúscula a Francia, España y Inglaterra.
d) Cambiar "y" por "e" en "España y Inglaterra"

Como no sabían que era imposible, lo hicieron.

Anónimo.

¡Felicitaciones !

Ya has logrado aprender todos los conceptos gramaticales que se miden en el GED

Te mereces tu segunda patita

¡¡¡Sigue adelante !!!

IX.- Para reforzar tu aprendizaje

TIPS del Nivel

**Mira todos los videos tantas veces como los necesites.
Contesta todos los quizzes hasta obtener un 100%.
No te saltes ninguna lección.
Repasa las tarjetas relámpagos.
Haz todos los ejercicios del libro, incluyendo los juegos.**

**Resume lo aprendido a través del método
"Monísticamente hablando".
Revisa y practica con las trivas, convos,etc. (un efectivo método de aprendizaje llamado "gamification" – basado en juegos-).**

**Lee los libros recomendados.
Corrige los ensayos sugeridos.
Recuerda que tienes acceso 24/7 desde cualquier lugar del mundo y en cualquier dispositivo.**

**¡ Pregunta, pregunta, pregunta y...
practica, practica, practica!**

X.- Otras webs de ejercicios
También puedes visitar los siguientes sitios web para practicar:

http://www.reglasdeortografia.com
http://www.ejemplode.com/12-clases_de_espanol
http://tip.iatext.ulpgc.es/silabas
http://llevatilde.es

XI.- Tu próximo desafío
Toma los ensayos básicos que hiciste en el Nivel 1 y corrígelos de acuerdo a las reglas gramaticales que te enseñamos en este nivel.

XII.- ¿Qué viene después?

El siguiente nivel (Nivel 3) te enseña a trabajar con un ensayo argumentativo, el cual será el tipo de ensayo que se medirá en el examen oficial de GED®: Razonamiento a través de las Artes del Lenguaje.

XIII.- Páginas web de referencias

http://www.wordreference.com
En este link o enlace podrás encontrar definiciones de palabras, sinónimos y conjugación de verbos.

http://www.wikilengua.org
En este link puedes resolver las dudas sobre ortografía y gramática.

www.rae.es
Este es el link o enlace a la Real Academia Española, la organización que regula la manera en que escribimos.

http://es.thefreedictionary.com
Un enlace a un diccionario de definiciones que también comprende sinónimos y puedes escuchar cómo se pronuncia la palabra.

Youtube
En nuestro canal gedfacil.tv (en la plataforma de Youtube.com) encontrarás videos donde te contestan las preguntas más frecuentes, te dan consejos para estudiar y/o te recomiendan libros para leer (recuerda que el GED® mide en gran medida comprensión de lectura).

Aquí te dejo algunos links a estos videos:

https://www.youtube.com/watch?v=h4zdMPzHrig
https://www.youtube.com/watch?v=zb9mSJiyDNM
https://www.youtube.com/watch?v=O_X2C4r4FA8

Subscríbete a nuestro canal de youtube gedfacil.tv o gedfacil.com y a nuestro foro privado de Facebook gedfacil.com donde podrás interactuar con vuestros compañeros, compartir experiencias y hacerle preguntas a un profesor.

XIV.- Bibliografía

http://www.fundeu.es
http://salonhogar.net/Salones/Espanol

Allende, Isabel. *Mi país inventado*. HarperCollins Publishers. USA, 2003

Alberti, Rafael. *13 bandas y 48 estrellas.* Espasa-Calpe. España, 1985.

Alvar Ezquerra, Alfredo. *Cervantes, genio y libertad.* Ediciones Temas de Hoy. España, 2004.

Carreras-Riudavets, F; Hernández-Figueroa, Z; Rodríguez-Rodríguez, G; (2010). La conjugación de verbos en español y su morfología. Editorial LULU.

Cortázar, Julio. *Todos los fuegos el fuego.* Romanya. España, 1986.

Díaz Infante, Fernando. *La educación de los aztecas*. Panorama Editorial. México, 2009.

Diccionario Básico de la Lengua. GrupoAnaya. España, 1993.

Dorfman, Ariel. *Rumbo al sur, deseando el norte.* Siete Cuentos Editorial. USA, 2003.

García Lorca, Federico. http://www.poemas-del-alma.com/federico-garcia-lorca.htm

Huneeus, Pablo. *Dichos de campo.* Editora Nueva Generación. 1999

Jiménez, Juan Ramón. *Platero y yo*. Biblioteca Didáctica Anaya. España, 1986.

Machado, Antonio. http//poemas-del-alma.com/Antonio-machado-2.htm.

Neruda,Pablo.*Cien sonetos de amor*.University of Texas Press,USA, 1986.

Real Academia Española www.rae.es

Williams, Raymond L. *Vargas Llosa. Otra historia de un deicidio* Taurus. México, 2001

XV.- Otros libros escritos

Colección Preparación para el GED® de la Maestra Ximena

Los 7 Secretos para tener éxito en mi GED®
Los 7 Secretos para tener éxito en mi GED® - Formularios
Examen de Práctica para Gramática (Parte I y III)
Artes del Lenguaje – Nivel 1: Cómo crear y escribir un ensayo básico - Ejercicios
Artes del Lenguaje – Nivel 2: Reglas gramaticales - Ejercicios
Artes del Lenguaje – Nivel 3: Cómo leer y crear un ensayo argumentativo - Ejercicios
Artes del Lenguaje – Nivel 4: Comprensión de Lectura - Ejercicios
Tutoriales Tecnológicos – Ejercicios para dominar el mouse, teclado y la calculadora
Guía para el profesor de Artes del Lenguaje (Material didáctico para monitorear las clases de GED®).

Material adicional para las clases de GED

350 videos para las clases de GED
300 *quizzes*
Exámenes por nivel
Exámenes de práctica por módulo
Tarjetas relámpagos (*Flash cards*) para cada materia del GED (impresas y digitales)
Juegos didácticos digitales, canciones, rimas, palabras cruzadas, etc.
gedfacil.com foro privado en Facebook y en nuestra plataforma privada
gedfacil.tv (canal de Youtube) con videos de preguntas frecuentes, tips, recomendaciones de libros para leer, etc.

XVI.- Respuestas a los ejercicios

Lección 1

Ejercicio #2

Huevo/haber/coherente/alcohol/hogar/azahar/héroe/hueco/ahínco/hijo

Consonantes con diferentes sonidos

Ejercicio #4

Sonido fuerte: ramo/Ramiro/revista/rosal/alrededor/Enrique/Israel/ carretera/arroz/arranca/corral/cerro

Sonido suave: caro/cero/pare/coro/color/coraje/vivir/cara/acabar

Ejercicio #5,#6,#7,#8 Respuesta puede variar

Ejercicio #9

Sonido "cs": Próximo/examen/exacto/excavar/axioma/sexto/expiar/ nexo/ sexo/ sexy/ taxi/coxsis/ exhibir/ elixir/exilio/auxilio/ existir/ exhausto/ exótico/ exhumar/ anexo/ exaltar/ exacerbar/ exhalar/ exuberante/ exfoliar/eximir/oxígeno/exento/extraño/ extraterrestre/extremo/extravío/ extradición/explícito/ exprimir/ explayarse/ explotar/ experimento/experto/exceso/ exilio/hexágono

Sonido "s":/xenofobia/xilicio/xenófilo/xerografía/ auxilio/excepto

Lección 2

Ejercicio #5

Diptongos: a,b,d,e,f,h,k,n,ñ,o,p,q,s,t,x,y,z.

Ejercicio #6

hielo, fuego, ruido, cielo, coima, suela, viento, ciento, diez, pies, ruego, guardo, huerto, duelo, muero, ciudad, muy, quiero, deidad, quieto, seis, dueto, vuelo, odio, escuela, almuerzo, miel, oblicua.

Ejercicio #1 (Diptongos con tilde)

Diptongos: huésped, asiática, diáfano, ciática, cuándo, diócesis, cocináis, cometéis, petrohué, pehuén, rebajáis, tendéis, náutica, viático, vuélvase.

Lección 4

Ejercicio #2

Hiato: lee, rae, rea, roa, búho, posee, caos, provee, desee, coa, maíz, veo, sea, boa, creo, país, bucee, buceé, teo, fideo, deseé, canoa, cae, río, creer, loa, neo, acreedor, ahí, golpeé, ateo, zangoloteé, teorema, mordisqueé, aéreo, púa, limpiéis, coágulo, teatro, continúe,acentúo, salías, reo, baúl.

Ejercicio #3

Diptongos: ruido, aire, ciervo, puedo, magia, medía, hoy, silencio, hay, deidad, paila, duende, paisano, cuerpo, dueto, suelo, cuarto, fiesta, causa, comicios, reunir.

Hiatos: moho, cooperar, alcohol, protozoo, coordinar, cohecho, toalla, leer, boa, lea, rehén, oído, rugía, movía, servía, dúo, Raúl, golpeé, Saavedra, contraataque.

Lección 5

Ejercicio #1

Colorado/ Estado de Colorado/ latitud norte/ longitud oeste/ meridiano/ Colorado/ Estados Unidos/ Wyoming/ Utah/ Monte Elbert,/ Condado de Lake/ las montañas rocosas. n el punto de la frontera Oriental del Condado de Yuma/ Río Arikaree/ Estado de Kansas.

Ejercicio #2

1.- Sur; 2.- norte; 3.- América del Norte; 4.- El presidente surcoreano / Corea del Norte/ Juegos Olímpicos 2018 5.- Víctor Cha/ Centro de Estudios Internacionales y Estratégicos/ Corea del Norte/ Consejo de Seguridad Nacional de Estados Unidos. 6.- Museo de Historia de la Computación/ "Él era ...".7.- SE 8.-el Flaco. 9.- Cordillera de los Andes/ Sudamérica. 10.- Juan y José. 11.- Era Medieval / peste negra.
12.- princesa Diana 13.- OEA/ Organización de Estados Americanos.
14.- Lo que el viento se llevó. 15.- "Yo... ". 16.- español 17.- Español.

Ejercicio #3

América/ americano/ mexicano/ Denver/ Colón/ José/ República Dominicana/ Ricardo/ Matemáticas (depende de la función gramatical)/ matemático/ escuela/ Escuela de Panamá/ licenciado (depende de la función gramatical)/ martes/ primavera/ agosto/ Biblia/ Rey de España/ el Papa/ Ministro de Salud/ Era Prehistórica/ Edad Media/ Era Contemporánea/ el Sr. Gómez/ doña María/ La guerra de las galaxias y Lo que el viento se llevó/ José Everest/ el Gordo y el Flaco.

Lección 6
Ejercicio #1
GED/ martes y jueves/ Estado de Colorado/ Aurora, Denver, Thornton / Distrito de Sheridan/ sur oeste/ Denver/ enero/ febrero/ primavera/marroquíes/ América del Sur/ mexicanos.

Ejercicio #2
 Minúsculas: primavera/ lunes/ febrero/americano/ noroeste (depende de la función gramatical)/ Maria del Carmen.

Mayúsculas: teniente Robles/ el Revoltoso/ ONU/América/ Carlos/ CCD/ Sr. Cornejo/ La Liga de los Animales Abandonados.

Ejercicio #3
1) viernes 2) febrero 3) verano 4) NorOriente(depende de la función gramatical) 5) americano 6) Juan del Valle 7) abril 8) domingo
9) invierno 10) diciembre

Lección 7
Ejercicio #2
ramo/jirafa/enfermero/coherente/confianza/hielo/campo/error/ ambiente/ horror/ embarazo/ girasol/ cumpleaños/ huevo/comprensión/ oído/ emblema/ cambio/ brazo/invierno/ brazo/ llama/bramar/guitarra broma/género/gente/ajo/ agente/ pasaje/ expirar/expresivo/ envolver/envidia/ llanta /gelatina/ haya/ reguetón/ explicar/existir/ excepción/ exasperar/ he sabido/ mucho mejor/ excelente/ oí/ a través/elegir/ acepto/refinancie/concepto/observo/habitar/cable/redondo/alrededor.

Lección 8
Ejercicio #2
1) pá-ja-ro / no-ve-la 2) res-pec-ti-va-men-te/in-mo-ral/a-ten-to 3) Flo-re-cer / a-pre-su-rar / gru-ñir
4) ins-ti-tu-to/cons-ti-pa-do 5) ma-íz 6) ca-rro/co-che/ca-me-llo 7) cien/ hue-vo/ puer-ta
8) viu-do/ rui-se-ñor/ rui-do 9) pa-ra-rra-yos/po-sa-va-sos   10) Para que no quede como una grocería.

Ejercicio #3
An-te-rior/Te-le-vi-sión/Reu-nir/E-jem-plo/Cin-co/Bus-car/ Ins-ti-tu-ción/Vo-cal/ Mer-ca-do/ Ra-íz/
Ac-ti-tud/Res-pec-ti-va-men-te / In-for-ma-ción/A-bra-zo/Can-ción/O-to-rri-no/La-rin-gó-lo-go/
Hués-ped/Jue-go/Dic-cio-na-rio/Hor-mi-ga/ Néc-tar/ In-co-mo-di-dad/ Re-loj/ U-ñas/ Hu-í-a/ Ci-ru-gí-a/
Re-í-a / Már-mol/Ca-er/ Sí-la-ba/ Neu-ro-sis/ Te-ó-ri-co/ Se-gún/ E-xa-men/ Fe/ Úl-ti-ma/ Ar-tí-cu-lo/
Pá-ja-ro/ Tien-da/ Co-rrer/ Pie/Co-ne-xión/ Sis-te-ma/ U-na/ Car-gar/ Re-ce-sión/ Ge-ne-ra-cio-nes.

Ejercicio #4
tras-tor-no/ ín-di-ce/ pro-duc-tor/ car-go/ re-fle-jo/ bús-que-da/ mo-de-lo/ Re-me-dio/ al-ma/ ma-dru-ga-da/
due-le/ re-so-nan-cia/ re-vuel-to/ ca-ta-le-jo/ cons-pi-ra-ción/ mor-sa/ mer-can-cí-a/ pro-te-ger/ puer-ta/
lla-me/ la-ti-no/ ju-bi-la-dos/ cin-co/ re-ce-ta/ vio-len-cia/ e-ven-to/ mú-si-ca/ pre-gun-tas/ dis-po-ni-ble/
som-bre-ro/ a-yu-da/ pu-bli-ci-dad/ ra-dio/ yo/ can-to/ cons-tan-te/ ar-ma-zón/ a-ma-bi-li-dad/ Pá-ja-ro/
Co-lo-ra-do/ gus-ta/ ar-tis-ta/ au-dio/ de-ci-dir/ com-pa-ñí-a/ re-si-duo/ A-é-re-o/ colapso

Ejercicio #5
1) C 2)C 3)ca-ca-re-a 4)puer-ta 5) hue-vos 6)dia-blo 7) pier-de 8) va-cí-o 9) C 10) va-lles
11) con-ver-sa-ción 12) ca-be-za 13)C 14) C 15) C 16)be-ber 17) C 18) cien 19) res-ca-tar 20) o-bras
21) vi-drio 22) C 23) C 24) C 25)C 26) a-zu-zar 27) hun-dir-se 28) he-dion-do

Lección 9
Ejercicio # 2
casas/mesas/pies/marfiles/ débiles/maníes/ calcetínes/ colibríes/ lápices/ capataces/ perdices/ veloz/ajíes/ rubíes/ caracteres/ Regímenes/ gafas no tiene singular / pinzas no tiene singular/ víveres no tiene singular/ dosis es el mismo en singular y en plural/ comicios y tijeras se usan solo en plural.

Lección 10
Ejercicio #1
com-pu-ta-dor:Última sílaba/ manzana: penúltima/ cancion: última/ facil: penúltima/ ensayo: penúltima/ balcon:última/cuaderno: penúltima/lapiz: penúltima.

Ejercicio #2
impresora: penúltima/ taza: penúltima/ vaso: penúltima/ fotografo: ante penúltima/ cabello: penúltima/ bigote: penúltima/montaña: penúltima/ soldado: penúltima/ microfono: ante penúltima/ caja:penúltima/ cajon: última/ anillo: penúltima/librero:penúltima/ asilo : penúltima/ papel:última/ gato: penúltima/ comida: penúltima/cocina: penúltima/ balon:última/camara: ante penúltima/ celular: última/ teclado: penúltima/ boton: última/Mexico: ante penúltima/ campana: penúltima/semaforo: ante penúltima.

Lección 11
Ejercicio #1
Pájaro E/ Micrófono E/ teléfono E/ Documento G/ Mesa G/ Libro G/Haya G/ Pantalla G/ Semáforo E/ felicidad A/celular A/ teclado A/cortina G/ gramática E/ matemáticas E/néctar G/ perdido G/ pregunta G/ implícita E/ poco G/ relativo G/ algún A/ única E/dirigir A/ total A/filántropo E/Águila E.

Ejercicio #2
Castellano: C/ Hormiga: C/Numero:I/ Nómbre:I/ Regionál:I/ Locutora:C/ Ejemplo: C/ Mayusculas:I/ Lopéz:I/ Marmol:I/Tijeras:C/ Fotos: C/ PerroC:/ Impresora:C / Televisor:C/ Gáto:i / Pelicano:I/ Fertil:I/ Lóro:I/ Compás:C/ Apendice: I/ Pág. : C/ Oportunidad: C/ Gente:C / Ensayo:C/ Lampára:I/ Quizas:I/ Anonima:I/Sémana:I / Atras:I / Asi: I/Ingles: I/ Publicidad: C/ Pabellon: I/ Cultura:C / Microfono: I/ Bajada: C/ Calcétin: I/ Publicar: C/ Capaz: C / Noticias: C/ Capataz:C / Mánera: I/ Clasico: I/ Matriz: C/ Actitud: C/ Dólar: C /Hogar: C.

Ejercicio #3
Fácil (G) Exámenes (E) Además (A) Gato (G) Panal (A) Margen (G) Hostil (A) Débil (G) Azúcar(G) Beneplácito(E) Cáliz(G) Cólico(E) Fémur(G) Pregunta(G) Carácter (G) Papá (A) Caracteres (G) Sílaba(E) Encontraba (G) Única (E) Técnica (E) Difícil (G) Dátil (G) Revés (A) Camarín (A) Género(E) Esdrújula (E) volantín (A) Múltiples (A) Febril (A) Examen(G) Láser(G) Cámara(E) Fútil(G) Hábil (G) Detrás (A) Lápiz (G) ímpetus (E) Fútbol(G) Frágil (G) Café(A) Fósil (G) apagué (A) Fénix (G) canté (A) Asir (A) Déficit (E).

Ejercicio #4
Había/Párpado/Jóvenes/Juvenil/Taza/Día/Revancha/Tomé (pasado del verbo Tomar) /Banco/Costo/ Servicio/ Consumidor/ Lágrimas/ Joven/ Oído/ Arpía/ Teléfono/ Salvación/ Útil.

Lección 12
Ejercicio #2
1950 o 1956/ truhan/ese/Solo/Aquella/guion/ este.

Lección 13
Adverbios - Ejercicio #1
Prácticamente/Rápidamente/ Cálidamente/ Malamente/ Solamente/ Científicamente/ Críticamente/ Plácidamente/ Válidamente/ Mecánicamente/ Débilmente/ Fácilmente/ Específicamente.

Ejercicio #1 - La palabra correcta
1.- te 2.- qué3.- Cuándo 4.- Dónde 5.- Sí 6.- dé 7.- más 8.- se 9.- tú 10.- él 11.- mi 12.- aún 13.- Aun 14.- mí 15.- el 16.- tu 17.- sé/sé 18.- mas 19.- de 20.- Si 21.- donde 22.- cuando 23.- que 24.- té 25.- como 26.- Cómo 27.- como.

Ejercicio #2: Completación de oraciones
1.- Qué 2.- quién 3.- Qué 4.- quién 5.- cuánto 6.- Quien 7.- qué
8.- Cuál 9.- Dónde 10.- que 11.- Cómo 12.- qué 13.- Cuánto
14.- Dónde 15.- dónde 16.- Qué 17.- quién 18.- cuanto 19.- Cómo 20.- como 21.- Dónde 22.- que 23.- que
24.- Qué 25.- Cuando 26.- Qué 27.- como 28.- Como 29.- Cuánto 30.- que/ que 31.- Cómo

Lección 14
Ejercicio #1
O/O/F/O/F/O/F/F/O

Lección 16
Análisis gramatical
Ejercicio #1
Pronombre personal/ verbo/ preposición/ verbo/ adverbio/ preposición / pronombre posesivo/ adjetivo/ sustantivo/ preposición/ artículo/ sustantivo

Ejercicio #2
 artículo/ sustantivo / verbo/ sustantivo

Ejercicio #3
artículo/ sustantivo / verbo/ sustantivo

Ejercicio #4
sustantivo / verbo/ adverbio/ preposición / pronombre posesivo sustantivo

Ejercicio #5
artículo/ sustantivo / verbo/ sustantivo / adverbio/ preposición/ sustantivo/adjetivo

Ejercicio #6
artículo/ sustantivo / adjetivo/ verbo/ adverbio/ adverbio/artículo/sustantivo

Ejercicio #7
sustantivo / verbo/ adverbio/ preposición/artículo/ sustantivo/ preposición/ sustantivo

Ejercicio #8
artículo/ sustantivo /contracción/ sustantivo/ verbo/ sustantivo/ adverbio/artículo neutro/ sustantivo

Ejercicio #9
preposición/ artículo/ sustantivo/ preposición/ sustantivo/artículo/ sustantivo /preposición/sustantivo/verbo/adverbio

Ejercicio #10
preposición/ adverbio de lugar/ verbo/ artículo/ adjetivo/ sustantivo/ preposición/artículo/ adjetivo/sustantivo / sustantivo.

Lección 17
Ejercicio #6
a) El ejercicio es una buena forma de bajar de peso.
b) Carolina, la hermana menor, vive en Barcelona.
c) Fernanda, la dentista, tiene un auto rojo; no así su colega.
d) Jorge, el médico de la familia, está trabajando en el hospital cercano y, a veces, va a almorzar a la casa, otras veces, al club; pero nunca se queda en el hospital.
e) Bombón, el perro de la casa, fue a la peluquería, se cortó el pelo y las uñas y lo dejaron muy perfumado; sin embargo, apenas llegó a su hogar, se revolcó en la tierra y quedó tal cual había salido.
f) Para la navidad, se reúne la familia a celebrar el Nacimiento de Jesucristo. Todos llegan con los niños y traen regalos para los sobrinos, tíos y abuelos. Una vez que cenan, se juntan en la sala frente al Árbol de Navidad y reparten los presentes. Los abuelos disfrutan viendo a los nietos cuán sorprendidos abren sus obsequios.
g) Las vacaciones de verano son un recuerdo imborrable que queda en nuestra mente como parte de la niñez. Algunos van de paseo a la playa, otros al campo o a las montañas; y aquellos que no pueden de igual forma lo disfrutan en su casa, aunque sea tirándose agua con una cubeta. Lo importante es disfrutar y relajarse en esta temporada estival.

h) Aquel día era el cumpleaños de Azulita. Su madre solía festejarlo invitando a sus amiguitas y vecinas. Compraba un gran pastel de cumpleaños, globos, helados y jugos. A medida que iban llegando las amistades, se reunían en el patio a la espera del famoso juego de la piñata. Una vez que la piñata se rompía, recogían los dulces que la contenían y procedían a sentarse sobre el pasto seco a comer y charlar. Ese día estaba todo permitido, tales como: gritar, saltar y ensuciarse; y Azulita aprovechaba todas esas excepciones.

Lección 18
Ejercicio #2
1.- En la lista estaban los nombres de: María, Aurora, Cinthia y Rubén.
2.- Tengo un solo principio: no hacer a los demás lo que no me gustaría que me hicieran a mí.
3.- El refrán dice: "Más vale pájaro en mano que cien volando."
4.- Estimado amigo:
    Esta misiva tiene por misión agradecerte tu hospitalidad.
Ejercicio #4
a) Entonces, no sé qué dijo ella y de pronto...
b) Se escuchó un grito... y la sombra apareció.
c) La última canción de la folklorista chilena Violeta Parra dice: "Gracias a la vida que me ha dado tanto (...)"
d) Le temblaban las piernas, tragó saliva, suspiró y solo balbuceó: grrrr ... ehhhh... ¿Ya puedo pasar?
Ejercicio #6
¿Qué no hay nadie que abra la puerta?/¿No será mejor que preguntemos primero quién es?/ ¿Cómo va a ser un ladrón?/ ¿o tú lo crees?/ ¿qué esperas?
Ejercicio #8
¡Qué hermoso atardecer!/ ¡Oh, cierto!/¡Ya casi había olvidado cómo eran los atardeceres frente al mar!/ ¡Mira, mira... un delfín! ¡Qué preciosa criatura! ¡Oh, sí ! ... ¡Papá, papá! ¡Ven a verlo!/ ¡Ya voy, ya voy! / ¡Mil gracias!/ ¡Buenas noches, mamá! ¡Buenas noches, papá! ¡Fue un lindo día!
Ejercicio #10
a) (uno de los mayores productores del mundo),
b) (Martín caminó lentamente hacia ella y bajó la cabeza tímidamente)
c) (un ciervo nativo y endémico de América del Sur)
d) (caracterizado por conformar pequeños grupos de individuos)
e) (en ambas vertientes del cordón andino)
Ejercicio #12
a)
Maira   - ¿Donde está mi bolso?
Joaquín - Yo lo vi hace un rato encima de la mesa.
Maira   - Pero ya no está.
Joaquín - No pudo haber desaparecido así como así.
Maira   - Pero así fue. ¿Quién lo habrá tomado?
Perkins - Señores, la cena está servida ¿gustan pasar al comedor?
Dionara - Perkins, Perkins, ¿a qué hora vienen los señores? ¡Me muero de hambre!
b) ¿Y si fuéramos al cine? - dijo Roberto - mientras se afeitaba.
c) Magaly, envíame $1.200.-
d) Marlene -la hermana menor- estaba estudiando en aquella escuela.
e) La guerra franco-prusiana fue un conflicto bélico desarrollado en el
S. XIX -1870 y 1871- entre el Segundo Imperio francés y el Reino de Prusia - actual Alemania.
f) En el reino de las hadas, existían los elfos, unos diminutos se-
        res que acompañan a las hadas en sus viajes a los sue-
        ños de los niños, especialmente a las hadas de los dientes, quie-
        nes tienen que realizar innumerables viajes cada noche para re-
        coger, de las camas de los chicos, los dientecitos que se les han caído.

Ejercicio #14

a) Mi hermano es un excelente "gourmet".

b) El Coronel Buendía dijo: "Esta vez, sí que la hacemos."

c) El libro "Los 7 Secretos para tener éxito en mi GED® " me ha ayudado a organizar mi tiempo y enfocarme en mis estudios.

d) Ese hermoso "bouquet" de flores me lo regaló mi novio.

e) Me llegó la invitación de mi prima para su boda y tengo que "répondez s'il vous plaît" antes del 14 de junio.

Ejercicio #15

a) ¿Por qué ha sido así? No hay una única respuesta.

b) Pues, ¿de qué suerte piensas honrar a tus padres y a tu patria? preguntó el otro caballero. Con mis estudios - respondió el muchacho- con mi preparación, mi educación, mi sapiencia y mis conocimientos los enorgulleceré.

c) Por otro lado, López de Hoyo se convirtió en una especie de cronista oficial de la villa. En efecto, alguno de sus escritos fueron promovidos y anunciados por el Ayuntamiento.

d) En aquella tarde de verano, en las calles se observaba una serie de actividades poco acostumbradas. El chico de la verdulería (el menor de la familia) había estado afanosamente tratando de vender peras, manzanas, sandía y naranjas; pero todo había sido inútil.

Ejercicio #16

a) <u>El marido</u>

Yo, Beatriz de Bonifacio, lego toda mi fortuna a quien me ha ayudado y acompañado durante mis últimos años y que ha estado conmigo en mi lecho de enferma. A mi fiel sirviente le agradezco. La presencia de mi perrita Dorothy, quien ha permanecido conmigo noche tras noche junto a mi sobrino Ruperto nada le dejo. A mi sobrina Josefina y mi tía Carlota, por cierto, todo mi amor y esperanza de reunirnos pronto. ¿Quién cuidará de mi fortuna? Mi marido Bonifacio i no lo dudo!

Lección 19

Ejercicio #1

Artículo masculino plural/ sustantivo masculino plural/ verbo en tercera persona plural tiempo pasado/ sustantivo masculino plural...

Ejercicio #2

Artículo masculino singular/ sustantivo masculino singularl/ verbo (reflexivo) en tercera persona singular en tiempo pasado...

Ejercicio #3

Pronombre personal primera persona plural/verbo en primera persona plural tiempo futuro...

Ejercicio #4

Artículo femenino singular/adjetivo/sustantivo femenino singular/ verbo en tercera persona singular...

Ejercicio #5

Artículo indefinido femenino plural/ sustantivo femenino/ verbo en tercera persona plural...

Lección 20

Ejercicio #1

(a) dejan (b) guardan (c) coloca (d) está (e) pone (f) está (g) botan

(h) es I) están j) encuentran (k) es

Lección 21

Ejercicio #1

1.- aglomeró 2.- tomó 3.- adhiere 4.- volvió 5.- huyó 6.- cita/citó/ citará (el tiempo verbal puede variar) 7.- va 8.- prepara 9.- aprobó 10.- reunieron

Lección 22

Ejercicio #1

1.- Los periodistas extranjeros/están. 2.- La chica bonita/ es.

3.- Carlos/ me encanta. 4.- El potrero grande/ está preparado.

5.- Los íconos azules/ no sé. 6.-Todos los papeles/se han seleccionado.
7.- Los pares de zapatos/están. 8.- Las estrellas/han muerto.
9.- La gran piscina/tiene. 10.- Los lápices de cera/están.

Lección 23

Ejercicio #1

1) S:Manuel;	V: montó;	C: a caballo.
2) S:La mamá;	V: le dijo;	C: que no.
3) S:Ellos;	V: se fueron;	C: al campo.
4) S: José;	V: se paró;	C: De pronto
5) S:él/ella	V: se detuvo;	C: Y cuando quedaba el último trozo de pan.

Oraciones subordinadas

Ejercicio #1

a)I; b) I; c) I; d) I; e) I; f) I; g) I; h) S.

Examen de práctica 1

1)c 2)e 3)d 4)b 5)b 6)e 7)d 8)e

9) a)en un ambiente relajado y amistoso. b)su naturaleza es la misma.
  c) otros no. d) Si nosotros preparamos a nuestros niños para ese ambiente. e) sino se perderán.

Examen de práctica 2

1)c 2)c 3)a

4)*E. O.: que, escojer quien cazarse quien hir Domingos*
  E. P.: la coma antes de la letra "o" y falta el punto final.

5)d

6) 1.- . En general 2.- En general, 3.- confiables, correctas
4.-y experimentables 5.- . El primer paso 6.- hay

7) 1.- E 2.- aqui 3.- analisis 4.- husarlo 5.- echos 6.- informasion
7.- adquirida 8.- especificas 9.-travez

8)d 9) 1.-Sí 2.-ud.3.- sejundo 4.- medision 5.- verda 6.- Quisas
7.- afirmacion 8.- valido 9.- metodo 10.- nesesario 11.- valides
12.- tecnica 13.- esperimental

10)

  (1)Isla de Pascua o Easter Island, como se le conoce en inglés, es una isla de origen volcánico que se eleva a 3.000 metros sobre el fondo oceánico. (2) Su superficie basal tiene forma de trapecio y es 50 veces su área emergida. En cada vértice, producto de erupciones volcánicas, se localiza un volcán principal: (3) el Poike al Este, el Rano Kau en el Sur y el Maunga Terevaka en el Norte.

11) Esta pequeña parte del cuerpo humano, el ombligo, tiene un significado importante para los rapa nui, los habitantes de Isla de Pascua. Aquí se ubica el centro de cada ser humano. Al cortarse el cordón umbilical de la placenta, permanece el recuerdo de la gestación. Es el comienzo y fin, es el dar y recibir, es la conexión con la madre. Por eso es la parte más importante del ser humano y no el corazón.

Examen de práctica 3

1) d 2) b 3) a 4) b 5) d 6) e 7) e 8) e 9) d

Para adquirir los libros, visita Amazon:
www.amazon.com/author/XimenaThurman o nuestra web:
www.gedfacil.com
Para contactarnos por licencias de las clases:
P.O.Box 472974. Aurora, Colorado 80047 (USA)
AntarticAcademy@gmail.com
info@gedfacil.com
1-720-982-0428

Antártica Academy ^{TM}, WWW.GEDFACIL.COM ^{TM}
y los logos son marcas registradas.
Todos los derechos reservados.

Textos y metodología
Ximena Thurman
Artista Visual
Carolina Cornejo

Publicado por:

BONO

POR EL SOLO HECHO DE ADQUIRIR ESTE LIBRO TE HACEMOS UN DESCUENTO DE UN 50% EN EL NIVEL 2 DEL MÓDULO DE GRAMÁTICA DE NUESTRAS CLASES ONLINE.

INGRESA A LA WEB WWW.GEDFACIL.COM REGÍSTRATE PARA TOMAR EL NIVEL 2 DEL MÓDULO DE GRAMÁTICA, DIGITA EL SIGUIENTE CÓDIGO: LIBROG2AMAZON18 Y EL CURSO LO OBTENDRÁS A MITAD DE PRECIO.

¡ FELICITACIONES !

…y nos vemos en el siguiente nivel (Nivel 3)

Made in the USA
San Bernardino, CA
04 November 2018